JN411351

나를 익게 하소서

나를 익게 하소서

서숙자 수필집

한국문화사

나를 익게 하소서

1판 1쇄 발행 2019년 2월 15일

지 은 이 서 숙 자
펴 낸 이 김 진 수
펴 낸 곳 **한국문화사**
등 록 1991년 11월 9일 제2-1276호
주 소 서울특별시 성동구 광나루로 130 서울숲 IT캐슬 1310호
전 화 02-464-7708
팩 스 02-499-0846
이 메 일 hkm7708@hanmail.net
홈페이지 www.hankookmunhwasa.co.kr

책값은 뒤표지에 있습니다.

잘못된 책은 구매처에서 바꾸어 드립니다.

ISBN 978-89-6817-731-6 03810

책을 내면서

수필 마당에 들어선 지 20여 년이 지났습니다. 늘 알차고 진솔한 수필을 쓰고 싶었지만, 나 자신은 그에 미치지 못한다는 생각에 자괴감이 들 때도 있었습니다. 그래서 한두 번 책을 묶을까 하다가 세상에 내놓기가 부끄러워 그만 접곤 했습니다.

머뭇거리는 동안 갈고 다듬어 천착하여 쓴 글은 아닙니다. 맛없는 비빔밥 같지만 세월은 가뭇없이 흘러 이젠 설익은 글이나마 엮을 나이가 된 것 같습니다. 고인 물을 퍼내고 나면 새 물이 샘솟듯 새로 쓰는 글은 인간미 나는 글로 채우고 싶습니다.

수필을 좋아하는 이유 중 하나는 나 같은 평범한 사람도 보고 느낀 체험을 자유롭게 써 내려감으로써 '나는 누구이며 어떻게 살아가고 있는가'에 대해 깨닫게 되기 때문입니다. 덧붙인다면 글을 쓰는 동안 어떤 욕망이나 노여움, 약점, 불안 등, 살면서 느끼는 부정의 감정이 긍정으로 변하여 마음이 편안해집니다.

그러므로 나 자신뿐만 아니라 주위 사람의 일상, 사소한 사물, 풀 한 포기라도 따뜻한 시선으로 바라보며 '다 사랑이고 아름답다'라고 쓸 수 있을 것 같습니다. 공감 능력의 확장이라고 할까요. 가치 있고 매력 있는 문학 장르로 여겨집니다. 고뇌와 좌절, 슬픔과 외로움마저 사랑해야 할 만큼 짧고 소중한 인생살이를 어떻게 수필로 승화시킬지 고민할 때 행복해집니다.

이렇듯 친근한 수필이지만 쓰기는 점점 더 어렵다는 생각이 듭니다. 수필은 아무나 쓸 수 있지만 아무렇게나 쓰면 안 된다고 합니다. 상상력과 인문학적 시선으로 폭넓은 사색과 자기성찰을 게을리하지 않음으로써 격이 높아야 합니다. 주제, 문맥, 문장, 자기화, 의미화가 잘 갖춰지고 무엇보다 자신을 낮추며 감동을 주는 글이어야 한다고 배웁니다.

1997년 처음 뵈었을 때부터 '삶의 진실을 써라', '수필가가 아닌 수필문학가가 돼라'고 지도해주시는 오창익 교수님께 감사드립니다. 이 책에 수록한 70여 편 중 단 한 편이라도 수필문학다운 글이 있다면 교수님께 대한 보답이며 저도 만족할 것입니다. 독자 여러분의 질정叱正을 바랍니다.

언제 수필집 나오느냐고 채근하며 진심 어린 격려를 해 주신 창작수필 글 벗님들과 지인들께 감사를 드립니다. 책이 나오기까지 정성을 다해주신 한국문화사와 사랑하는 가족에게 고마움을 전하며 나를 찾아가는 이 길을 계속 걸어가겠습니다. 창밖엔 아직 겨울이 머물고 있습니다. 따스한 봄날을 기다립니다.

2019.1. 쇼팽 피아노 협주곡을 들으며

서 숙 자

축하의 글

완숙完熟을 위한 최선, 그 형상화의 미학
- 작품집 『나를 익게 하소서』에 부쳐 -

오창익 (문학박사 · 창작수필創作隨筆 발행인)

먼저 작품집 명제에 경의를 표한다. ≪나를 익게 하소서≫란 한마디야말로 수필도 과일처럼 '자기 완숙'을 해야 깊은 맛을 낼 수 있다는 수필관에의 올곧은 신념이며 더하여 그를 자기화하기 위한 보다 간절한 기도이기 때문이다. 맞는 말이다.

더구나 창작 수필이야 말로 회수回收와 반추反芻, 의미화意味化로 자기 일상을 보다 알뜰하고도 완벽하게 익혀내야 그 맛과 멋이 진해지기에 '익게 하소서'란 한마디가 주는 의미의 파장波長은 깊고도 너무 길다.

또한 그 맛과 멋이야 말로 작품의 성격이자 체질이기도 하겠지만, 작자가 곧 주체인 수필에 있어서는 어디까지나 자신의 현재이며 미래이며 이상理想일 수가 있기에 더욱 그렇다.

주지하다시피 그 맛과 멋을 주제로 형상화하기 위해서는 '자기 익히기'에 기울이는 인간적인 보다 인간적인 최선이 필요하다. 귀하게도 그 '최선의 최상화最上化'가 바로 서숙자 님 수필의 표정이자 내용이다. 잘 익은 과일과도 같은.

그뿐만 아니라, 그의 수필에는 인간미와 인간성 회복, 나아가 그 유지에 최선을 다하는 보다 진한 사랑과 자기 비움이 있고, 보다 절실한 완숙에의 기다림과 기도가 있다.

해서, '완숙完熟을 위한 최선'을 형상화한 그의 수필들은 언제나 공감과 감동으로 읽힌다. 아주 뜨겁게.

축하드린다. 제2, 제3의 작품집을 기다리며 『나를 익게 하소서』의 상재에 박수를 보낸다.

차례

나를
　익게
　하소서

2장

흔들리는 까치 둥지

3장

꽃사과나무

4장

채송화를 좋아하세요

5장

가을, 나무처럼

나를
익게
하소서

6장

자작나무 숲속에 서 있고 싶다

7장

나를 익게 하소서

1장

강으로 간다

강은 나의 잘못을 덮어주고 감싸주고 용서하며
아예 아무 일도 없었다는 듯이 쓸어안고 흘러간다.
표현할 수 없는 아름다운 몸짓으로
성자처럼 넓은 가슴으로

어머니의 춤

어머니의 전화 목소리에 생기가 넘친다. 노인센터에서 배운 춤 동작을 익히고 있는 중이란다. 목소리만 들어도 몸과 마음 상태가 가벼워 건강이 전보다 한결 좋아지신 것 같다.

2년 전 어머니는 눈앞에서 아버지의 심장이 멎는 순간을 보는 고통을 겪었다. 오전에 야외예배 다녀오신 후 소화가 안 되고 땀이 많이 나는 것 외엔 별다른 증세가 없었다. 어머니는 여느 때처럼 저녁식사 준비 중이었는데 TV를 보던 아버지가 갑자기 심장마비로 숨을 거두셨다. 아버지는 늘 자신은 건강하다면서 오히려 어머니의 허약함을 걱정하셨다. 믿어지지 않는 일이 일어나고 말았다.

장례를 치른 뒤 어머니는 그만 몸져 누웠다. 갑작스러운 사별의 충격에서 쉽사리 벗어나지 못 하는 것 같았다. 아버지를 깊이 의지하고 살아온 터라 슬픔과 두려움을 이기지 못하고 모든 의욕을 잃고 만 것이다. 냉장고 음식은 일주일이 지나도 그대로였고 깔끔하던 집안은 어수선했다. 점점 기력이 약해지고 누워있는 날이 많았다.

그러던 중 자식들 성화에 못 이겨 오랜만에 늘 다니던 미장원에 가셨다. 몰라볼 정도로 초췌해진 모습에 놀란 미용사는 머리 모양을 정성스레 매만져주고는 집에만 계시지 말고 노인센터에 가서 춤을 배워보라고 권유했다. 우울한 기분이 싹 가시고 잠도 잘 오고 마음이 즐거워질 거라면서.

우두커니 혼자 집에만 있지 말라는 주위 분들의 충고에는 별 관심 없다가 미용사의 말에는 힘없이 고개를 끄덕였다. 하지만 교회 가는 일 외에 자식 키우며 살림밖에 모르던 어머니, 그것만이 취미이자 특기인 어머니에게 춤을 추라니 가당한 말인가.

가끔 어머니는 옛날을 회상하며 얘기하셨다. "그땐 참 좋았어. 학교 사택에서 살던 때야. 점심시간이면 텃밭에서 연한 상추와 쑥갓을 솎아 대소쿠리에 담고, 양념장도 맛있게 만들어 놓고 기다리지. 대문 안으로 아버지와 너희가 크게 웃으며 나란히 들어오면 얼마나 행복했는지 몰라. 꿀맛같이 점심 식사를 하고 다시 학교로 돌아가는 뒷모습을 한참이나 바라보곤 했단다."라고 말씀하시는 어머니의 얼굴은 복숭아꽃 빛이었다. 그 시절 아버지는 전주사범학교 영어 선생님이었고 언니와 난 같은 학교에 다녔다.

이제 어머니는 홀로 살아야 한다. 자식들도 제 갈 길 가고 남편도 곁에 없다. 사는 즐거움을 스스로 만들어야 한다. 사람들과 어울려야 하고 뻣뻣한 팔다리를 움직이며 춤이라도 배워야 한다. 어머니가 춤을 추다니! 다른 사람처럼 느껴진다. 어깨춤 한 번 들썩이는 모습을 본 적이 없다. 아무리 생각해도 춤은 어울리지 않지만 어머니는 낯설고 먼 길을 나서고 있다. 첫 걸음마를 배우는 아기처럼.

20세기 영국의 거장 시인 윌리엄 버틀러 예이츠는 정신과 육체의 결합을 춤으로 비유한다. '춤을 추는 동안 육체는 영혼을 즐겁게 하고, 즐거운 영혼은 춤추는 이의 눈을 빛나게 한다. 밤나무의 꽃과 가지와 뿌리가 하나이듯이 춤추는 동안 영혼과 육체는 하나다.'라고.

춤추는 어머니의 혈관 속엔 아버지에 대한 사랑이 흐르리라. 이 사랑은 꺼져가는 자신의 모습을 지아비가 원치 않음을 알기에 무너져 내리는 육체를 일으켜 세우고, 두렵고 외로운 영혼을 끌어안는 힘이 될 것이다. 희미해진 잿더미에서 불씨를 살리려 안간힘을 쓰는 처절한 호흡이 되리라.

오늘도 어머니는 아버지 사진 앞에서 춤춘다. 두 팔을 부드럽게 움직인다. 허리를 좀 흔들고, 한 바퀴 돌고, 조금씩 뛰고 사뿐사뿐 발길을 옮긴다. 온몸이 땀범벅이다. 땀은 처절한 눈물이 되고 눈물은 다시 슬픔을 씻어준다.

사진 속 아버지의 해맑은 미소를 바라보며 후회 · 용서 · 그리움의 언어를 전한다. 가을이면 향기로운 국화 화분을 들고 오던 모습, 소박한 밥상이지만 "당신이 해주는 반찬은 다 맛있어요."라고 추켜세우던 모습, 걱정거리가 있어도 "괜찮아요. 다 잘 될 걸!"이라고 안심시키던 모습을 그린다.

일제의 억압과 6 · 25전쟁의 소용돌이치는 세월, 생사를 같이하며 2남 4녀 자식을 먹이고 가르치면서 울고 웃던 그분에게 어머니는 삶의 존엄하고 긴 서사시를 무언의 춤으로 바친다. 언어로 표현하지 못 할 때 몸을 움직여 춤을 추는 것, 몸짓은 언어보다 앞선다고 하지 않는가.

부부가 60여 년 함께 사는 동안 어찌 좋은 일뿐일까. 큰 갈등은 없었다 해도 떠난 뒤엔 후회가 남는 법. 어머니는 외출할 때 정장正裝을 고집하는 아버지를 못마땅해 하셨다. "네 아버지가 돌아가시기 며칠 전 일이야. 외출하면서 새 와이셔츠를 꺼내 입으시려 해서 못 입게 한 게 후회가 되는구나. 그냥 입고 나가게 할 것을, 아꼈다 나중에 입으시라고… 천년만년 살 것도 아닌데…"라며 끝내 말끝을 흐린다. 나는 "자책하지 마세요. 아버지는 늘 어머니가 무슨 일을 하든지 '잘했군! 잘했어!'하셨잖아요. 포장도 뜯지 않은 와이셔츠 안고 춤 한번 멋지게 춰 보세요."라고 위로했다.

나는 춤을 출 줄 모른다. 정말이지 춤을 잘 추는 사람이 부럽다. 하지만 내가 추는 것 그 이상으로 만족한다. 노구老軀를 이끌며 홀로서기 연습에 혼신의 힘을 기울이는 어머니가 자랑스럽다.

슬픔은 사라지고 마지막 날까지 편안하고 즐거운 시간이 멈추지 않기를 바란다. 언젠가 어머니가 하늘나라 올라가신 후에도 눈부신 한 마리 백조가 되어 우아한 춤으로 아버지의 눈을 기쁘게 하리라 믿는다.

바람에게 속삭인다. 일렁이는 촛불을 끄지 말아 달라고…. 소낙비에 애원한다. 가녀린 나비의 날개를 꺾지 말아 달라고….

공감

냉장고 음식을 꺼내며 중얼거린다. 오랫동안 마음에 담아둔 말이다.

"너는 왜 고장도 안 나니. 더 큰 것으로 바꾸고 싶은데…."

내 말을 듣기나 한 듯 냉장고가 대꾸한다.

"두 식구에 뭐 그리 큰 게 필요해요. 아직 멀쩡하잖아요."

흠칫 놀랐지만 마땅히 할 말이 없어 고개를 끄덕인다. 냉장고를 산 지 25년이 돼 간다. 지금까지 냉동실 한 번 손 보고 전구를 갈아 낀 것 말고는 크게 고장 나지 않고 순순히 제 할 일을 한다. 쓸 만큼 썼는데도 냉동과 냉장기능이 여전히 좋고, 수납공간이 그런 대로 넓은 편이어서 예전엔 김장 김치까지 잔뜩 넣고도 불평 없이 살았다.

그런데 언제부턴가 냉장고가 작아서 불편하다는 생각이 든다. 상가에 진열된 디자인 좋은 냉장고로 당장 바꾸고 싶다. 하기야 무엇이든 쓸 수 있을 때까지 버리지 않는 남편에게 어깃장을 놓고 싶진 않고 나도 물건을 쉽게 사거나 버리지는 않는다. 아무리 그렇다 해도 주부라면 날마다 분신처럼 수십 번 열고 닫는 냉장고나 주방 기구가 맘에 들어야 일하고 싶은 맘이 생길 것 아닌가. 이번엔 꼭 바꾸리라 벼른다.

그러자 냉장고가 다시 말한다.

"제 기능이 다할 때까지 내버리지 말아주세요. 고물만 모인 곳으로 멀리 가기 싫어요. 주인님과 정도 많이 들었는데…."

"그래, 넌 참 충실했어. 나도 정이 들어 버리진 못하겠구나."

냉장고와 나, 이보다 가까운 사이가 또 있을까. 이해하고 나니 갈피를 잡지 못하던 마음이 편해진다. 냉장고가 한낱 쓰다 버리고 말 물건이 아니라 오랜 친구처럼 여겨진다. 내 삶을 낱낱이 목도目睹하며 무얼 먹고 마시는지 속속들이 알고 나의 탄식과 기쁨의 소리를 다 들었을 동반자, 한 자리에만 따분하게 서 있는 신세를 마다하지 않고 하루에도 수십 번씩 당하는 타격을 견뎌낸 불쌍한 친구다.

게다가 주인이란 사람은 온갖 식품을 가득 넣은 채 죄인처럼 고문당하는 모습을 외면하고 단 하루, 아니 단 한 시간의 휴식도 허용하지 않는다. 어쩌다 전기가 나가면 빨리 들어오지 않는다며 안달한다. 이제 와서 작고 못생겨 없애자고 하니 얼마나 섭섭할까.

냉장고의 심정을 헤아리지 못했다. 묵묵히 최선을 다하는 속 깊은 친구를 한낱 물건 취급하며 내버리려고 하다니…. 가족이나 다름없는 냉장고가 무엇을 원하는지 귀담아 들어줘야겠다. 25년 만에 느끼는 공감이다.

주위를 돌아본다. 그릇, 유리컵, 고무장갑, 빗자루, 쓰레기통 등등 많기도 하다. 매일 한 번씩은 내 손길이 닿지만 말도 기척도 없다. 내가 손을 건네야만 움직이는 그들에게 고마워하기는커녕 되레 기분 안 좋을 땐 바닥에 내동댕이치며 화풀이 한다. 내가 먼저 관심을 갖고 다가서서 맡겨진 몫을 해내느라 얼마나 고생하느냐고 말이라도 건네야 할 텐데….

주방에 있는 물건들에게 가까이 다가간다. 숟가락과 젓가락을 만지며 정겹게 말을 건다.

"날마다 내 삶은 너로부터 시작해 너로 끝나는구나. 목숨을 유지하는 데 없어서는 안 될 존재지."

숟가락이 까르르 웃으며 맞장구를 친다.

"내가 없으면 주인님의 식탁 품위는 영 볼품없을 걸요."

"네 말이 맞아. 그걸 모르고 살았네."

매 식사 때마다 숟가락으로 밥 먹는 행위는 곧 하루의 삶이고 종국에는 인생이 될 것이다. 누구나 이 작은 숟가락질을 위해 피땀 흘려 일 하는 것 아닐까.

"고마워. 네가 나에게 봉사해주니 너에게 부끄럽지 않도록 잘 살게."

내가 숟가락을 알고 숟가락이 나를 안다. 서로의 존재를 공감하니 눈과 귀가 열리는 듯 새로운 세계에 들어선 느낌이다.

아파트 경비실 앞 의자가 보인다. 찌는 더위에 배달되지 않은 택배 물건을 가득 안고 있다. 칼바람 부는 겨울에도 꼼짝않고 물건을 떠받치고 있다. 의자 본연의 임무가 상실된 채…. 의자는 얼마나 힘들고 화가 날까. 이 의자야말로 새로 주어진 자기 자리에서 물건을 안고 떠받치는 제 몫에 최선을 다한다.

동네 길을 걷는다. 신호등이 가까이 보인다. 한 치의 오차도 없이 제 할 일을 부지런히 수행한다. 나의 나태함이 부끄럽다. 빨간 우체통 앞에서 아는 체하니 이번엔 우체통이 먼저 말하고 싶은 눈치다.

"그래도 지금은 한두 사람의 손길이 있어 좀 낫죠. 얼마 있으면 필요 없다고 없애버릴지 몰라요. 버려질 땐 버려지더라도 기다릴래요. 편지를 든 손길을."

"걱정 마. 없어지지 않을 거야. 손 편지를 쓰는 사람이 아직은 남아있거든."

사물도 그러한데 사람이야 더할 나위 없다. 가족과 이웃에 대해 공감하는 것은 아름다운 감정일 뿐 아니라 믿음의 작은 실천이다. 상대방의 말을 이해하고 나를 내려놓는 것, 바로 관심과 애정이다. 많이 인용하는 시 한 구절이 떠오른다.

> 내가 그의 이름을 불러주었을 때
> 그는 나에게로 와서
> 꽃이 되었다.

행복한 미소

종강하는 날, 마음이 허전하다. 한 학기 강의를 마쳤다는 안도감도 있지만 방학 동안 학생들을 만날 수 없어 아쉽다. 복잡한 역 대합실에서 서울행 기차를 기다리는데 누군가 뒤에서 부르는 소리가 들린다. 돌아보니 군복무를 마치고 복학한 K가 환하게 웃으며 다가온다. 긴 영시英詩를 외워 낭송하며 열심히 공부한 모범생이어서 기억에 남는다.

그는 헐레벌떡 숨을 몰아쉬며 "시험 준비에 시간이 없어 그냥 도서관에서 이 책을 샀어요."라고 말하면서 누런 봉투를 내민다. 그러고는 친구가 기다린다며 황급히 계단을 내려간다. 책을 꺼내보니 마리아 테레사 수녀의 『행복한 미소』다. 겉표지 뒷장에 '책을 읽지 못했지만 제목이 선생님을 떠올리게 해요. 항상 행복한 미소를 잃지 않으시기를….'라고 급히 쓴 듯해 보이는 글귀가 눈에 들어온다.

순간 마음이 따뜻해진다. 한 푼이 아쉬운 용돈을 아껴 책을 사서 선물

한 그 마음이 고맙기도 하고, 나의 행복을 진심으로 바라는 것 같아 가슴이 찡하다. 차 안에서 책을 읽는 동안 깊이 주름진 테레사 수녀의 얼굴이 떠오른다. 가난하고 병들고 외로운 자를 위한 사랑의 미소다. 행복한 미소가 아닐 수 없다.

긴 겨울이 지났다. 아직 봄바람이 차서 집에만 있다 오랜만에 강가를 거닌다. 푸른 하늘과 부드러운 바람이 겨우내 찌든 마음을 맑게 해 준다. 누런 잔디 속에서 파릇파릇 올라온 새싹에게 '그 추운 겨울에도 죽지 않고 살아있었네!' 라고 말을 건넨다. 매화 · 목련이 꽃필 채비를 하느라 부풀고 나무도 꿈틀거린다. 대지에 가득 찬 생명의 기운이 감동으로 몰아넣는다. 행복하다.

재잘거리며 웃어대는 풋풋한 연인이 지나간다. 다정하게 손잡고 대화를 나누는 중년부부, 승용차 문을 열어놓고 색소폰을 연주하는 머리 희끗한 남자, 토끼 모자를 쓰고 뒤뚱거리며 걸어오는 손자를 귀여워 못 견디겠다는 듯 높이 헹가래 치는 할아버지…. 행복이 나에게도 전해진다. 신기하다. 그 행복이 어디에 있다 살며시 내 맘속으로 다가왔을까. 이해인의 시 '행복한 얼굴' 중 한 구절이 생각난다.

어디에 숨어있다
고운 날개 달고
살짝 나타날지 모르는
나의 행복

마음속 어딘가에 내재해 있을 행복을 찾지 않고 살아온 것이 부끄럽다. 르네상스 시대를 대표하는 레오나르도 다빈치의 걸작 '모나리자'가 1911년 루브르 박물관에서 도난당하자 많은 사람이 박물관 앞에서 통곡한다. 이 그림이 그토록 사랑받는 이유는 무엇일까.

고 권용준 교수는 저서 『테마로 보는 서양미술』에 이렇게 쓴다. "다빈치는 이 그림을 통해 여인의 겉모습이 아닌 본질을 묘사하고자 했다. 그 본질이란 모든 인간이 자기 삶의 목표로 하고 있는 행복이다. 이 작품은 바로 행복감을 표현의 목표로 한 것이다. (…) 한 여인의 단순한 초상화가 아닌 모든 인간의 보편적 아름다움인 행복을 묘사한 것이다."라고.

그 내용은 계속된다. 그림의 모델은 피렌체 상인 지오콘도의 아내 리자라는 실제 인물이다. 가난한 농부의 맏딸로 태어나 지오콘도를 만나 자식도 많이 낳고 부유한 결혼생활을 누리는 복 많은 여인이다. 남편은 가정에 복을 가져다준 덕을 알리고자 당대 최고 화가에게 그녀의 초상화를 의뢰한다.

화가가 발견한 것은 여인의 내면에서 은은하게 피어오르는 행복한 미소였고, 그 잔잔한 미소를 최선을 다해 표현했기에 불후의 명작이 되었다고 한다. 루부르 박물관에서 그림 앞에 모여든 인파 때문에 이러한 작품의 깊이를 오래 음미하지 못한 게 아쉽다.

어떻게 내면에 숨어있는 행복이 우러나올 수 있을까. 리자만큼 복 많은 여인도 아니고, 세상 염려와 고통, 이해할 수 없는 온갖 모순에 시달리는 사람이라면 불행한 느낌을 감출 길이 없을 텐데….

프랑스 작가 프랑수와 를로르의 자전적 소설 『쿠뻬 씨의 행복 여행』은 행복에 대한 의미를 제시한다. 정신과 의사인 저자는 우울증 환자를 진료하며 매번 놀란다. 돈도 많고 남 부러울 것 없이 다 갖춘 사람들이 끊임없이 자신을 다른 사람과 비교하며 불행해 하는 것이다. 그들이 그토록 부러워하는 사람 역시 그다지 행복을 느끼지 못하는데도 말이다. 쿠뻬 씨는 혼란스러워 진료를 멈추고 세상 곳곳으로 여행을 떠난다. 진정 행복한 사람을 찾아서….

어느 누추한 동네에 이르렀을 때. 소녀 몇 명이 길가에 보자기를 깔고 앉아 큰 소리로 깔깔거리며 웃는다. 의사가 "무엇이 그리 즐거운가요?"라고 묻자 소녀들은 "좋은 친구와 함께 있어서요."라고 대답한다. 좋아하고 사랑하는 사람과 함께 있음으로 소녀들은 마냥 행복한 것이다.

누구나 행복하기를 바라고 언젠가는 행복할 것이라는 기대 속에 산다. 하지만 행복은 멀리 있는 게 아니라 바로 내 마음 안에 있다. 대체 그 크기와 깊이와 넓이를 잴 수 없고, 매순간 어디로 달릴지 알 수 없는 '마음'이 관건이다.

세상사 마음먹기에 달렸다는 말이 있다. 캄캄한 방, 딱! 전등을 켜는 순간 방안이 환해지는 것처럼 기쁨 스위치 한 번에 어두웠던 마음이 밝아진다. 그 기쁨은 감사함이다. "범사凡事에 감사하라."라는 성경구절이 절대 감사할 수 없는 상황에서도 감사하라는 뜻임을 뼛속 깊이 느낀다.

꾸뻬 씨의 환자는 끊임없이 남과 비교하여 불행하다. 나는 나대로 자존감을 갖고 살아야 한다. 한 정신분석학자는 "비교는 슬픔, 불안, 우울의 씨앗이자 열등감을 찍어내는 공장이다."라고 말한다. 남들은 다 행복해 보이지만 너 나 할 것 없이 종잡을 수 없는 마음을 부둥켜안고 살아간다.

K는 지금 어떻게 살고 있는지…. 언제라도 만나면 그에게 전할 말이 있다. "당신의 미소가 나를 행복하게 만들어요."라는 그 말을 잊지 않고 있다고. 아니 그렇게 살도록 노력하고 있다고.

모심慕心

유월, 갈치 맛이 좋을 때다. 노릇노릇하게 구운 갈치구이는 고소한 맛이 일품이라 입맛을 돋운다. 나는 구이보다 조림을 즐기는 편이다. 풀어야 할 숙제가 있다고나 할까.

오늘도 시장에 다녀오자마자 냄비에 탁구공만한 감자를 깔고 싱싱한 갈치를 얹는다. 그 위에 붉고 푸른 고추와 양념장을 넉넉하게 넣고 약한 불에 천천히 조린다. 보글보글 끓는 소리에 군침이 돌지만 어렸을 적 시골에서 먹던 그 맛이 아니다.

할아버지는 주로 논농사를 지었다. 햇볕이 점점 강해지면 마른 논바닥에 물을 채우고 못자리판을 만든다. 나락이 싹을 틔워 어느 정도 자라면 모내기를 하는데 이앙기가 없던 때라 동네 사람들이 품앗이를 하며 모를 심는다. 모심는 날은 잔칫날이다. 긴 마루도 모자라 마당에 멍석을 깔고 밥상을 모두 꺼내놓는다.

비린내 나는 손을 씻고 잠자리에 누워 눈을 감는다. 눈부신 햇살 아래 모심는 날을 그려본다. 땅은 부드럽고 비옥하다. 진흙 얼룩진 사람들의 질퍽한 사투리와 뱃속까지 시원한 웃음소리가 미루나무 울타리로 넘어간다.

흰 앞치마를 두른 어머니는 상을 차리느라 마당과 부엌을 오가며 땀을 흘린다. 주 메뉴는 갈치조림. 이윽고 발갛게 고추장 물이 밴 햇감자와 갈치 토막이 어우러진 냄비와 높이 퍼 올린 밥그릇이 상 위에 놓인다.

사립문 밖이 떠들썩하다. 모심다 말고 바짓가랑이 걷어 올린 채 들어오는 남자들과 아낙들의 함박꽃 웃음이 마당에 퍼진다. 맛있게 식사를 한다. 누군가 "갈치조림이 꿀맛이네요!"라고 말한다. 심부름하던 나도 상 모서리에 앉아 먹는다. 꿀맛 그 이상이라고 느끼면서.

세월이 흐른 지금도 그 맛을 찾는다. 생선가게에 가면 은빛 갈치가 먼저 눈에 띈다. 아파트 마당 장터에서 아저씨는 제주 먹갈치라며 맛에 대해선 두 말하면 잔소리라고 외친다. 인천 · 목포 · 구룡포 등 항구란 이름은 다 들먹이지만 맛은 그저 그렇다.

갈치의 어원은 문헌마다 다르다. 윤덕노 음식문화평론가는 "조선 후기 실학자 이규경은 '오주연 문장 전산고五洲衍文長箋散稿'에서 갈치가 허리띠 같아 대어帶魚, 칼 모양이어서 검어劍魚 또는 도어刀魚라 하고, 또 서유구는 그의 저서 『난호어목지蘭湖漁牧志』에 갈치의 긴 모습이 칡넝쿨 같아서 갈치葛侈라 부른다."라고 한다. 지금은 보통 경기 이남의 서해안에서는 갈치, 경북과 북한에서는 칼치라고 부른다고 한다.

어느 날 특별 주문을 했다. 밤 열두 시쯤 추자도 현지에서 직송된 갈치가 방금 도착했다는 연락이 왔다. 나무 상자 안에 누운 갈치는 날렵하면서도 살이 도톰하다. 물이 좋아 희다 못해 푸른빛이다. 이번엔 뭔가 다르다는 생각에 한 마리에 만 오천 원이라는 만만찮은 값을 치르고 흐뭇한 맘으로 집에 갖고 온다.

깊은 밤, 먹을 사람도 없는데 불을 밝히고 조리한다. 결론을 얻고자 진지하게 실험하는 연구원처럼…. 수돗물 소리, 도마질 소리가 밤의 고요를 깨뜨린다. 모두가 잠들어 휴식하는데 나만 신났다. 좀 흥분되어 맛을 보니 추자도 일등품 갈치의 독특한 감칠맛이 난다. 하지만 그토록 바라던 맛은 아니다.

비린내 나는 손을 씻고 잠자리에 누워 눈을 감는다. 눈부신 햇살 아래 모심는 날을 그려본다. 땅은 부드럽고 비옥하다. 진흙 얼룩진 사람들의 질펀한 사투리와 뱃속까지 시원한 웃음소리가 미루나무 울타리로 넘어간다. 한쪽 밥상에는 엄마 아빠 따라온 아이들이 입이 찢어져라 숟가락질한다. 방에는 할아버지와 할머니, 부엌에는 고운 모습의 어머니가 계신다. 새들이 오르락내리락 원을 그리며 장난질 친다.

갈치조림 맛은 정情이며 사랑이다. 음식 재료만이 아닌 마음에 스민 어린 시절 태생적인 손맛, 고향 맛이다. 아니 마음에 젖은 어머니에 대한 모심慕心이기도 하다. 해마다 유월이 오면 그리움으로 설레는 이유다.

논둑길을 걷는다. 어느 시인의 시처럼 "봄물 가둔 논에 들어있는 하늘이 너무 깊어" 눈물이 난다. 논물 속에 잠긴 구름이 어머니의 행주치마처럼 하얗다.

내 삶의 지휘자

당인리 발전소 굴뚝이 뿜어내는 연기는 풍향계 역할을 한다. 연기가 바람 부는 대로 좌우로 꺾이거나 하늘로 흩어지기 때문이다. 바람 없는 날은 곧추선 채 공중 높이 올라간다. 오늘 아침에는 강가를 산책하기에 부담될 정도로 바람이 꽤 분다. 멀리서 밀려온 물결이 바윗돌에 부딪친다.

갑자기 큰 소리가 들린다. 모형비행기 한 대가 윙윙거리며 하늘을 향하여 솟구쳐 올라간다. 깜짝 놀라 어리둥절한 사이 비행기는 하늘 높이 솟아올랐다가 수직으로 떨어지며 공중곡예를 한다. 무선비행기는 종횡무진 하늘을 가르면서 비행한다.

주위를 보니 좀 떨어진 빈 터에 한 사람이 서 있다. 삼십대 가량의 남자가 비행기를 바라보며 손에 뭔가를 들고 조작하고 있다. 그 모습이 하도 진지해서 말 붙이기조차 어렵지만 "손에 들고 있는 게 뭐예요?"라고 물으니 "이거요? 비행기를 먼 거리에서 리모트 컨트롤remote control하는 거죠. 텔레비전이나 자동차를 리모컨으로 '원격조종'하는 원리나 같아요. 이걸로 비행기를 마음대로 움직여요. 앞으로 밀고 뒤로 잡아당기고, 위로 올리고 아래로 내리고 하면서 얼마든지 내 맘대로 조종할 수 있어요."라고 친절하게 설명한다. 신기하다고 하자 나를 힐끗 쳐다본다.

하기야 신기할 것도 없다. 리모컨 하나로 편하게 누워서 보고 싶은 TV 채널을 맘대로 돌려보지 않는가. 전자제품은 물론 첨단기기의 원격조종은 상상을 초월할 정도이고, 세계적인 부호 빌 게이츠의 집은 거의 이런 식으로 되어 있다는 기사를 읽은 적이 있다. 손가락 터치만으로 원하는 커피를 타 마시는 요즘이다.

동호인 한 명이 합류하면서 비행기는 두 대가 됐다. 비행기는 잠자리처럼 서로 어긋나게 날아다니다가 포물선을 그리며 오르락내리락 한다. 사방을 휘저으면서 요란한 소리로 느렸다 빨랐다 뒤집어지기를 수차례, 이윽고 비행기 한 대가 하강한다. 서서히 속도를 줄이더니 엉금엉금 기어가는 나방이처럼 빈 터에 서 있는 남자 옆에 뒤뚱거리며 내려앉는다.

어젯밤 비가 내려선지 하늘은 투명하다. 다시 햇살을 받으며 걷는 동안 '원격조종'한다는 그 남자의 말이 머리에 맴돈다. 비행기가 자유스럽고 평화롭게 하늘을 날 수 있는 것은 주인의 조종 때문이다. 나의 삶도 저 무선비행기처럼 내 의지와는 상관없이 어떤 힘에 의해 이뤄지는 것 아닐까.

아일랜드 시인이자 작가인 영문학자 루이스C. S. Lewis는 저서 『순전한 기독교』에서 "인간은 독립적인 존재가 아니며 어떤 법칙 아래 있다."라고 썼다. 다시 말해 인간의 배후에는 어떤 '힘' 내지는 '지휘자' 또는 '안내자'가 있다는 것이다. 그가 말하는 '지휘자'는 기독교의 '하나님'을 의미한다. 무신론자였던 그는 기독교인으로 회심하여 뛰어난 저서를 많이 남겼는데 『나니아 나라 이야기』 등 그의 책을 읽는 동안 큰 감명을 받았다.

내 삶에 안내자와 지휘자가 있다는 것은 가슴 벅찬 일이다. 정글에서 사나운 맹수를 피하도록 안내해 주고, 동굴에서 길을 잃고 위험에 처할 때 멀리서 나를 향해 리모컨을 돌리며 빛의 길로 인도한다. 아니 삶 전부를 아름다운 교향악으로 지휘하는 조종자가 있다. 험한 세상, 불확실한 예측불허의 하루하루를 살아가는 현대인에게 얼마나 든든한 말인가.

잊을 수 없는 안내자가 생각난다. 여행은 안내자에 따라 재미와 깊이를 더한다. 알리앙스 투어•로 동유럽에 간 적이 있다. 대학 직원인 가이드는 여행지에 대해 폭넓게 공부하고 준비해서 잘 안내했다. 보수를 바라지 않고 좋은 안내를 함으로써 자신도 바캉스를 즐기는 셈이다. 마지막 날 여행객들은 쓰고 남은 돈을 모아 사례하는 것으로 그에 감사를 표했다.

지휘자도 그렇다. 오케스트라 연주를 감상할 때 단연 시선은 지휘자를 향한다. 독일 지휘자 브르노 발터는 "연주자들은 지휘자의 악기"라고

• 파리에 있는 여행사 이름.

했다. 악기가 좋은 음을 내도록 때로는 단원들에게 지휘자의 권위를 행사함으로써 단원들이 영혼을 다 쏟아내어 최상의 선율을 내게 한다는 뜻이다.

얼마 전 이탈리아 시칠리아 섬에서 주요 7개국G7 정상들을 위한 기념 음악회가 열렸다. 내가 좋아하는 마스카니 곡 카발레리아 루스치카나 곡이 노을 비치는 야외극장에 울려 퍼졌다. 더 감동한 것은 오케스트라 지휘자가 우리나라의 세계적인 마에스트로 정명훈이었기 때문이다. 그의 지휘는 그리 요란하지 않아서 두 손을 떨거나 까딱까딱 움직일 뿐인데 단원들은 그리도 감미롭고 장엄한 곡을 연주해낸다.

나에게 그런 지휘자가 있어 내 인생을 영감 어린 선율로 지휘해주기 바란다. 살면서 우연이라고 생각되는 일도 다 보이지 않는 그분의 조종일 테니 그 의도대로 전폭적으로 맡기고 싶다. 칠삭둥이처럼 어리석고 모자라는 나를 넘어지지 않고 곁길로 빠지지 않게 잘 조종해주리라 믿는다. 세상에선 볼 수 없는 고성능 리모컨으로.

어려움이 닥치더라도 근심 걱정 불안에 떨지 않을 것이다. 내 삶의 지휘자 바로 그분이 있는 한 나는 더 이상 겁쟁이가 아니니까.

베고니아 피는 골목

춥고 음산하던 겨울이 끝나간다. 거리는 봄기운으로 가득하고 사람들은 어깨를 펴고 걷는다. 봄꽃을 문 앞에 늘어놓은 꽃집을 그냥 지나칠 수 없어 흰색과 빨간색 꽃이 핀 베고니아 화분 두 개를 사서 가슴에 안는다.

동네 안쪽으로 들어선다. 조용한 골목이었지만 다세대 주택, 가게, 음식점이 늘어나 제법 활기를 띤다. 다만 골목 입구에 있는 한 가게만이 납작한 지붕 그대로 있다. 쌀, 달걀, 라면, 과자 같은 품목을 부부가 함께 파는 가게다. 그런대로 동네 장사를 하는데 근처에 대형 마트가 생긴 뒤부터 물건 위에 먼지가 쌓이기 시작했다.

나는 단골이었지만 예전처럼 자주 가는 편이 아니어서 아주머니를 만나면 미안한 마음이 앞선다. 어쩌다 가게에 들르면 나를 붙들고 속 이야기를 털어놓곤 한다. 장사가 잘 안 돼 힘이 빠진다면서 두 아들 장래 걱정을 하거나 무뚝뚝한 성격의 남편 때문에 겪은 맘고생도 스스럼없이 얘기한다. 한숨을 내쉬며 수심에 찬 얼굴이 안타까워 좋은 일이 있기를 바라면서 헤어지곤 한다.

여느 때처럼 아주머니가 가게 앞에 앉아 있다. 꽃을 안고 가는 나에게 무얼 그리 한아름 안고 가느냐면서 비닐봉지를 펼쳐보더니 반가운 사람이라도 만난 양 환히 웃는다. 값싸고 예쁘다면서 당장이라도 사러 갈 기세다. 나는 빨간 베고니아를 꺼내 주었다. 꽃을 받은 아주머니 얼굴에 웃음꽃이 핀다.

맞은편 철물점 아저씨가 다가오면서 말을 건넨다. 그는 꽃을 좋아하지만 직접 사본 적은 없다며 흰색 베고니아 꽃잎을 만지작거린다. 그러고는 흔하지 않은 색이어서 다 팔리기 전에 꽃집에 가겠다며 벼른다. 흰색 베고니아를 마저 건네주니 아저씨 눈빛이 반짝 빛난다. 꽃이 죽지 않게 잘 키우겠노라는 다짐 같다. 화분 두 개를 다 주고 나니 빈손이지만 마음은 흐뭇하다.

다음날 가게 앞을 지나간다. 별로 나갈 일이 없는데 저절로 발길이 그곳으로 향한다. 큰 화분에 옮겨진 꽃이 쑥쑥 자라는 걸 보면 꽃이 나를 알아보는 것 같아 내심 반갑다. 내 집에 심어놓고 나만 보는 것도 좋지만 다른 사람과 같이 보고 즐기는 것도 기분 좋은 일이다.

골목길을 오가면서 꽃을 보다가도 아주머니 눈에 띌까 봐 조심한다. 별것도 아닌 것을 대단한 것인 양 너무 관심 갖는 것 같아서다. 시치미를 떼고 그냥 지나치려면 그녀는 나를 불러 "예쁘죠? 고마워요."라고 말하면서 꽃을 가리킨다. "참 잘 키우시네요."라고 대답하지만 '고맙다'는 말은 내가 할 말이라고 생각하며 골목길을 빠져나온다.

베고니아는 햇빛을 받아 잘 자란다. 크다고 여겼던 화분에서 하루가 다르게 흰 꽃과 빨간 꽃이 경쟁이라도 하듯 피어 골목을 밝게 한다. 재밌는 것은 그 옆에 다른 화분이 늘어가는 것이다. 제법 많은 싱싱한 꽃이 어우러져 아담한 꽃밭을 이뤘다. 꽃을 보러 오는 것인지 물건을 사러 오는 것인지 모르지만 보통 때보다 사람들이 가게 앞에 더 모여든다. 꽃도 보고 물건도 샀으면 좋으련만….

어쨌든 길옆 꽃밭에선 새록새록 즐거움이 솟아난다. 고추까지 심어서 고추가 몇 개 대롱대롱 매달린 것이 신기하다. 고추 값이 폭등하는데 가을에 그걸로 김장하라고 하니 그래야 할 것 같다면서 아주머니는 큰 소리로 웃는다. 웃음소리가 골목 안에 퍼진다. 베고니아로 인해 골목길이 운치 있고 신선한 생명력이 약동한다.

꽃 한 포기를 받아 정성스레 가꾸는 모습이 아름답다. 장사가 안 된다면서 초점 흐린 눈으로 힘없이 앉아있더니 이젠 꽃잎을 요리조리 매만지며 물을 준다. 꽃 기르기에 재미를 붙이고 표정까지 밝아진 모습을 먼발치서 보고 있으면 내 마음에도 아기자기한 꽃이 피어난다.

그녀가 시원한 음료수라도 마시고 가라면서 붙잡는다. 그러고는 서슴없이 남편 얘기를 꺼낸다. 세상에 꽃 싫어하는 사람이 어디 있겠느냐며 남편도 꽃을 무척이나 좋아하는데 도시로 나와 장사하면서 꽃이고 뭐고

다 잊고 살았다고 한다. 완전히 무덤덤한 사람이 된 줄 알았는데 어느 날 남편이 가게 문턱을 드나들면서 화분에 물을 주는 것을 보고 애틋한 마음이 생기더란다.

비가 세차게 내리던 밤, 남편이 자다 일어나 꽃을 가게 안으로 들여놓는 것이 좋겠다고 해서 둘이 일어나 가게 문을 여닫으며 이런저런 이야기를 나눴다고 한다. 다정한 대화도 없이 무섭게 명령만 하던 남편이 그날 밤엔 딴 사람처럼 보였다면서 눈가에 붉은빛을 띤다. 정감 어린 대화가 아니었을지라도 베고니아로 말미암아 얘깃거리가 생긴 것이다. 부부의 마음속에 편안함이 피어나기를 바란다. 베고니아의 부드럽고 윤기 흐르는 꽃잎처럼.

오늘도 골목길을 지나간다. 아주머니는 잠깐이라도 앉았다 가라며 연신 내 손을 붙든다. 고마운 표정이 엿보인다. 그러나 정작 고마워할 사람은 바로 나 자신이다. 골목에만 들어서면 즐겁고, 부부가 정성 들여 풍성한 꽃밭을 이루니 고마울 따름이다. 꽃을 우리 집에 갖고 갔더라면 그렇게 잘 키울 수 없었을 것이고, 설령 잘 키운다 해도 우리 가족만의 기쁨일 터이다.

오늘도 빨간 베고니아는 골목 안에 작은 기쁨을 만들고 오가는 사람에게 그 기쁨을 나눠주고 있다.

큰 화분에 옮겨진 꽃이 쑥쑥 자라는 걸 보면 꽃이 나를 알아보는 것 같아 내심 반갑다. 내 집에 심어놓고 나만 보는 것도 좋지만 다른 사람과 같이 보고 즐기는 것도 기분 좋은 일이다.

봄비를 기다리며

기다린다. 봄비를. 올겨울엔 유난히 비가 오지 않는다. 눈이라도 내려 땅속 깊이 수분이 스며들기 바라지만 대설 예보는 없다. 마를 대로 마른 앙상한 나뭇가지가 손만 대면 금방이라도 부러질 것 같다. 대륙성 고기압이 몰려온다. 황량하다.

검불 덤불 억새 잎이 부스럭 부스럭 바람에 흔들리며 그나마 겨울 정취를 자아낸다. 자르르 윤기 나는 잎과 핏빛 꽃으로 유혹하던 동백나무, 진분홍 화사한 꽃을 피우던 해당화는 제 모습을 잃고 풀잎도 메마른 땅 위에 납작 웅크리고 있다. 죽은 것도 산 것도 아닌 채로.

건조한 바람이 몰아친다. 검은색 점퍼, 목도리, 장갑, 모자로 무장한 사람들이 얼어붙은 거리를 오간다. 얼굴을 제대로 볼 수 없지만 얼핏 보아도 웃음기 없는 어두운 표정이다. 목을 잔뜩 움츠리고 종종걸음으로 어디를 향해 그토록 빨리 걷고 있을까. 하얀 입김이 찬 공기 속으로 흩어진다. 무거운 삶의 무게.

확실한 일자리가 있다면 그나마 낫다. 한창 일하고 가족을 책임질 나이인 40, 50대 가장이 명예퇴직을 권고받는다. 회사가 살아남기 위한 자구책이라니 어쩔 수 없다. 준비 없이 창업한다. 선불리 자영업을 시작하니 빚만 지고 실패하기 십상이다. 내 집 마련을 위해 은행 대출을 받으니 불안하고 초조하다.

연일 보도되는 안타까운 신문기사. 중학생 아들이 집단 따돌림을 견디지 못해 다시는 못 올 길로 갔다. 착한 것이 흠이 되어 따돌렸다고 한다. 먹고 자는 것조차 잊은 어머니는 "누워서 울기만 해요. 죽은 것도 산 것도 아니죠. 채집당한 곤충이 산 채로 핀에 꽂힌 것 같은 아픔인데 아무도 이 핀을 뽑아주지 못하죠."라고 절규한다. 곤충 채집이 방학숙제였던 때, 심장에 핀이 꽂힌 나비는 상자 안에서 날개를 퍼드덕거렸다.

이 어머니의 "죽은 것도 산 것도 아니었죠."라는 말은 20세기 문명의 정신적 황폐함을 쓴 영국 시인 T. S. 엘리엇의 시 「황무지」를 떠올리게 한다. 또 "채집당한 곤충" 역시 엘리엇의 「J. 앨프리드 프루프 로크의 연가」에 나오는 구절이다. 어머니가 그 시를 읽기라도 한 걸까. 놀라운 일치.

젊음도 아프다. 마땅한 직장이 없어 책상 위에 이력서만 산더미처럼 쌓인다. 주위에선 게으른 탓일 뿐 일자리가 왜 없느냐며 다그쳐 잠을 쫓으며 기약 없이 시간제 일을 한다. 대학 졸업을 미루고 도서관에서 스펙 쌓는 공부에 전념하지만 요즘엔 그것도 큰 도움이 되지 않는단다. 타는 목젖을 무엇으로 적실까. 아, 메마르고 숨막히는 세상. 봄비라도 내리면.

고령 시대, 늙음도 고달프다. 세대 간 갈등으로 가족과 진실한 관계를 맺지 못해 소외감에 시달린다. 쫓기듯 불안하다. 생활고와 병고로 겨울 바람에 떨고 있는 마지막 잎새.

신문 읽기가 겁난다. 하루하루 사는 게 위태롭다. 책임지고 제 자리를 지켜야 할 사람이 보이지 않아 안전사고와 불안한 치안에 대비해야 한다. 장애물 경주하듯 운 좋게 살아 있지만 이웃이 겪는 고통에 가슴 아프다. 그들의 슬픔이 분노가 되어 밀려온다.

삭막하다. 겨울나기 힘들다. 찬바람 불어대는 불모지. 사람들은 모두 스마트폰에 얼굴을 대고 열심히 소통한다. 옆 사람에겐 관심조차 없다. 진정한 소통을 하고 있는 걸까. 외로운 모습.

비도 눈도 내리지 않는다. 도시는 초미세 먼지로 자욱하다. 빌딩, 나무, 사람 모두 먼지 속에 있다. 북한산도 남산도 먼지에 가려 보이지 않는다. 뿌연 잿빛 하늘. 목이 칼칼하다. 물을 찾는다.

물. 물. 물.

메마른 풀과 나무에 싹을 틔우고 꽃을 피우는 봄비. 아이 잃은 어머니가 잠갔던 방문을 열고 일상으로 돌아오게 하는 봄비. 기다린다. 아, 내일은 비가 내릴 것이라는 일기예보.

똑 똑 똑 물방울 떨어지는 소리.
주르르 주르르 봄비 내리는 소리.
우우우 새싹 올라오는 소리.
메마른 영혼 적시는 소리.

문득 포은圃隱 정몽주의 「봄」이라는 시구가 생각난다.

雪盡南溪漲
草芽多少生

눈이 끝나면 남쪽 시냇물이 불어나
많은 새싹이 살아나리라

손이 미운 여자

택시 탈 일이 생겨 급한 마음에 앞자리에 앉았다. 한동안 달리던 중 운전기사가 내 옆 얼굴을 힐끗 보더니 "고생 많이 하셨나 봐요"라고 친근히 말을 건넨다. 손이 그렇게 보인단다. 순간, 좀 창피하기도 하고 무례한 말을 하는 것 같아 아무런 대꾸 없이 가방 아래로 두 손을 감췄다. 그도 그럴 것이 나는 손 콤플렉스를 갖고 있다.

손엔 그 사람의 삶이 나타나 보인다고 말하기도 한다. 내 손이 산전수전 겪으며 몸 사리지 않고 다양한 인생 경험을 하며 살아온 것처럼 보였다면 그리 기분 언짢을 일이 아니다. 오히려 덤을 얻은 듯 여겨도 좋으련만 미운 손에 대한 아쉬움에 민감한 반응을 보이곤 한다.

내 손은 참 밉게 생겼다. 손가락은 짧고 뭉툭하고 새끼손가락은 다른 손가락과 균형이 맞지 않게 더 짧다. 손마디는 굵고 마디마다 주름이 패었다. 그뿐인가. 살점이 없는 손등에는 손뼈가 갈퀴처럼 드러나 보이고,

그 사이로 시퍼런 핏줄이 어지럽게 불거졌다. 게다가 나이 들면서 검버섯이 손목까지 생겨 볼썽사납다. 그나마 겨울엔 옷소매를 아래로 내려 손을 반쯤 가리거나 장갑을 낄 수도 있지만 여름엔 속수무책이다.

설상가상으로 온기 없이 차다. 그런데도 나는 속없이 다른 사람과 손잡기를 좋아한다. 그러면 으레 "손이 너무 차네요. 보약 좀 드셔야겠어요."라는 말이 돌아온다. 반가운 사람을 만나면 손을 내밀고 싶지만 상대방이 차갑게 느낄까 봐 참을 때가 많다. 덥석 손을 잡은 뒤 차고 거친 감촉이 상대방의 기분을 상하게 한 것 같아 후회한 적이 한두 번이 아니다. 그러니 어찌 손에 대한 불만이 없겠는가.

그림에 나오는 여인의 손에 눈이 쏠리고 그리스 신화에 나오는 여신의 손을 보면 황홀하다. 영화를 보면서도 배우의 손을 놓치지 않고, 지하철에선 사람들의 손을 보는 것이 습관이 됐다. 모두 내 손보다 예뻐 보인다.

얼굴이 가지각색이듯 손도 그렇다. 얼굴보다 손이 더 예쁘거나 싱싱한 뱅어가 연상될 만큼 길고 가느다란 손가락을 가진 사람도 많다. 마디마디 살이 포동포동 올라온 손은 잘 익은 강낭콩 껍질 같다. 달콤한 냄새가 날 것 같은 귀여운 손을 보노라면 연인의 사랑을 많이 받겠다고 상상을 한다. 그들은 자신을 부러운 눈으로 바라보는 내 속마음을 알 리 없다.

손이 고운 남자도 꽤 많다. 한 여류 작가가 친분 있는 시인의 손을 보고 쓴 글이 인상 깊다. 그 시인의 남성적 외모와는 달리 부드러운 손을 가지고 있어 그의 시가 손을 닮았다고 생각했다는 것이다. 기골이 장대한 남자 손이 섬섬옥수라면 매력적이지 않을 수 없다. 다행히 아들과 딸 손은 그다지 밉지 않게 생겼는데 남편 손을 닮은 것 같다.

내 손은 어머니 손을 판에 찍은 듯 닮았다. 그런데 이상하게도 어머니 손이 밉게 보인 적이 없고 오히려 애틋한 정이 피어난다. 고무장갑도 없던 시절, 김장배추를 절인 날 밤이면 어머니는 쩍쩍 갈라진 손을 불어가며 아파하셨다. 지금도 어머니 손에 비하면 내 손은 양반 손이다. 어머니 손은 보면 볼수록 가슴 아프고 내 손은 보면 볼수록 불만이다.

이제야 알 것 같다. 내 손엔 어머니 손만큼 희생이 없다는 것을. 엄동설한에도 노천에서 대가족 빨래를 하던 시절, 요즘처럼 세탁이 잘 되는 섬유도 아닌 흰 무명옷이 많았으니 얼마나 고생이 심했을까. 어머니 손은 겨울바람 헤치고 피어난 돌단풍 꽃 같은 사랑의 증표다.

나의 두 손을 쫙 펴고 바라본다. 어머니 손과 꼭 닮았지만 속은 닮지 못했다. 이제부터라도 어머니의 모습을 닮는다면 부끄러워할 이유가 없다. 오히려 고마운 손이다.

손을 소중하게 쓸 일을 생각해야겠다. 손길이 필요한 곳에 미운 손을 내밀고 따뜻한 손을 원하는 곳에 주고 싶다. 사랑스러운 손이 되길 바란다. 여태껏 손마저 마음으로 보질 못하고 눈으로만 보았으니 세상의 모든 사물도 그리 보았을 것이다. 부끄럽다.

하루에도 몇 번씩 어머니의 힘줄 불거진 손을 잡고 싶지만 태평양 건너 멀리 계신다. 그러나 감사한다. 가까이 계시지 않아도 내 손을 보면 어머니의 헌신적인 삶이 생각나고 고생하시며 작아진 모습이 떠오른다. 누가 내 손이 밉고 거칠다 해도 더는 감추지 않을 것이다.

메멘토 모리

"메멘토 모리Memento Mori"

삶 속에서 '죽음을 기억하라'는 라틴어다. 유한한 생을 받아들이고 하루하루 서로 사랑하면서 아름답게 살라는 의미일 것이다. 죽음을 기억하고 산다면 비록 육체는 죽음에 이르지만 영혼은 날마다 새로워질 수 있다는 희망의 말이다.

아침마다 채플이 있는 대학에 다녔다. 교목님과 교수님들이 차례로 설교하시는 것이 좋았다. 어떤 교수님은 "여러분은 버스에서 내려 이곳까지 바삐 걸어왔습니다. 어디를 향해 그리도 잰싼 걸음으로 왔습니까?"라고 질문을 던진 후 "모두 무덤으로 갈 시간이 10분 빨라졌습니다."라고 말했다. 정류장에서 예배 장소까지 10여 분 정도 거리다. 산다는 것은 매 순간 죽어가는 것, 법정 스님의 말처럼 죽음은 삶의 끝이 아니라 과일 속 씨앗처럼 삶과 함께 있다는 메시지였다.

영국 시인 예이츠는 그의 시 「비잔티움 항해」에서 폭포를 거슬러 오르는 힘찬 연어 같은 젊은이를 향하여 '죽어가는 세대들'이라고 표현한다. 그들에겐 황당한 말이지만 시인은 소멸되어가는 육체의 한계를 인정하고 영원한 정신적 세계를 추구할 것을 강조한다.

베트남 여행 중 낯선 광경을 보았다. 살고 있는 집 앞 논밭 가운데 묘지가 있었다. 이유는 자세히 모르지만 죽은 자를 생각하며 살아 있는 동안 남은 가족이 화목하게 살라는 뜻이 아닐까 생각했다.

프랑스 베즐레 성당에 간 적이 있다. 오는 길에 작은 마을을 들렀는데 마침 교회에서 결혼식이 진행 중이었다. 뒷자리에 앉아 구경하다가 밖에 나와 보니 유럽의 여느 교회처럼 주변이 묘지로 둘러싸여 있었다. 결혼식장과 묘지. 돌아오는 버스 차창에 두 장면이 어른거렸다. 막 피어난 꽃처럼 싱싱한 남녀의 모습과 비바람에 퇴색한 조화가 놓인 회색 무덤의 적막한 광경이 교차했다.

대학 2학년 때 작은 교회의 오르간 반주를 맡아 찬양대를 도운 적이 있다. 먼 거리여서 버스를 이용할 수 있었지만 묘지를 가로지르는 지름길을 택했다. 20분 정도 걸어야 하는 큰 공동묘지였다. 가끔 상복을 입은 조객이 둘러 서 있는 하관 장면이나 젊은 부부가 아기 시신을 싸안고 걷는 모습도 봤다. 재래식 화장터의 굴뚝에선 연기가 피어올랐다. 꽤 음산한 분위기였다.

나는 '철학의 길'이라 여기고 부슬부슬 비 오는 날에도 아랑곳하지 않고 이 길을 걸었다. 들국화가 묘지를 덮을 땐 노래 부르며 꽃을 꺾어와 기숙사 친구들에게 나눠줬다. 사방이 고요하고 바람만이 스쳐갔다. 풀밭에 앉아 멀리 보이는 마을을 바라보며 사색에 잠기곤 했다.

주일마다 3년간 그렇게 오갔다. 그 길을 걸으며 폴 고갱의 대작 <우리는 어디서 왔으며, 누구이며, 어디로 가는가>를 많이 생각한 것 같다. 며칠 전 예술의 전당에서 고갱의 그 그림 진품을 보며 '철학의 길'이 떠올라 감회에 젖었다. 이 그림은 인생의 통과의례를 표현한 것이어서 오른쪽부터 왼쪽으로 감상하는 게 좋다.

지금 나의 삶은 그 시절의 사색이 무색할 만큼 부족함뿐이다. 더욱 사랑하고 감사하며 의미 있는 나날을 보내야 할 텐데 후회와 아쉬움으로 밤잠을 설친다. 영화 '빠삐용'에 나오는 대사처럼 소중한 '인생을 낭비한 죄인'처럼 살고 있다.

요즘 '버킷리스트'를 쓰는 사람이 많다. 진실한 사랑을 한 번 하고 싶고, 아내의 손을 꼭 잡고 세계여행도 하고, 떠난 지 오랜 고향땅을 밟고 싶다고도 한다. 또 오래 읽힐 수 있는 작품집을 내고, 걸출한 고전을 읽고, 우리나라 바다를 한 바퀴 돌아보고, 가족과 행복한 크리스마스를 보내고 싶다는 등 여러 가지다. 죽음을 기억하며 남은 날을 잘 살아야겠다는 간절함이 느껴진다.

셰익스피어의 '그대 나에게서 일 년 중 다음과 같은 시간을 보리라•'

• That time of year thou mayst in me behold, sonnet73.

라는 소네트를 좋아한다. 죽음에 다가가는 노년을 늦가을, 황혼, 꺼져가는 불씨로 비유한다. 누구나 언젠가는 캄캄한 밤을 맞게 되고 헤어지고 싶지 않은 이들과 이별해야 하니 그대의 사랑은 더 강렬해질 거라는 마지막 구절이 마음에 와 닿기 때문이다.

살면서 오는 두려움과 불안의 밑자락에는 죽음이 깔려 있다. '죽으면 천국'이라는 소망이 있으면서도 죽을까 봐 전전긍긍한다. 그만한 믿음의 경지에 이르지 못함이다. '죽음을 기억하라'라는 이 말을 나직이 읊조리면 살아있음에 감사하며 하나님이 지으신 이 세상을 더욱 사랑하고 싶은 강렬함이 솟구친다. 가슴을 파고드는 음악, 누렇게 익어가는 들녘, 바람에 한들거리는 들꽃, 떠오르는 태양, 달빛, 눈물겹도록 맑고 파란 하늘….

메멘토 모리.

비애를 느끼는 말이지만 환한 빛으로 영혼에 새긴다. 어언간 석양이 비끼는 나이가 됐다. 몸은 약해지지만 영혼은 날마다 새로워지기를 바란다. 『로마인 이야기』의 저자 시오노 나나미는 이렇게 말한다. "잘 보낸 하루 후에 편안한 잠이 찾아오듯, 잘 보낸 삶 후에는 차분한 죽음이 찾아온다."라고.

강으로 간다

강은 착한 사람의 생애 같다.

낮은 곳으로만 향하는 것이 강 말고 또 무엇이 있으랴. 이는 한없이 자신을 낮추는 몸짓이다. 방해물이 덮쳐와 흐름을 막아도 유유히 흐를 뿐 군말이 없다.

아래로만 제 갈 길 가면서도 주위를 살피는 강의 배려와 여유를 좋아한다. 강기슭 바윗돌에 부딪히면 산산이 흩어지는 듯 보이지만 돌마다 어루만지고 감싸안으며 휘돌아간다. 수초와 갈대 사이로 살며시 찾아가 미처 하지 못한 밀어를 속삭인듯 한참을 맴돌다 영롱한 거품을 안고 돌아 나온다.

강물은 낮은 곳을 향하면서도 제 할 일을 다한다. 양심 없는 사람이 버린 온갖 쓰레기며 오수를 싸안고 흘러간다. 마치 정화淨化가 사명인 것처럼. 이 거대한 청소부를 바라볼 때마다 오염된 마음이 깨끗이 씻기는 것 같다.

바람이 휘몰아치는 날엔 파도가 출렁대지만 강변을 넘지 않는다. 미풍이면 잔물결이 일고, 무풍이면 큰 유리판처럼 있는지조차 모를 만큼 고요하다. 그저 무심하게 바람 부는 대로 살아가는 강의 성품은 나를 돌아보게 한다. 내가 다른 사람을 맞추기보다 다른 사람이 나를 맞춰 주기 바라며 살고 있는 것은 아닌지.

때로 홍수가 나 상류로부터 가축이나 살림 도구가 둥둥 떠내려 오고 낮은 쪽 제방이 터지기도 한다. 폭우로 강물이 차도에까지 올라와 차량 소통이 통제되고 강으로 가는 굴다리 육갑문도 닫힌다. 붉은 흙탕물이 잔디와 나무를 진흙으로 뒤집어씌워 처참하다. 한바탕 난리를 치르고서도 비가 그치면 언제 그랬느냐는 듯 잔잔하다. 감정이 절제된 사람같다.

강은 시인이다. 아침 햇살 받은 은물결은 보석처럼 눈부시다. 그 황홀함은 저녁까지 이어진다. 저녁노을에 물든 강은 하루를 마무리하며 안녕을 고하는 노을에 홍보석처럼 반짝이며 헌시獻詩한다.

쏟아져 내리는 별빛 달빛을 받으며 조용히 누운 강, 그 위에 눕고 싶은 적이 몇 번이던가. 영겁이 흘러도 만날 수 없는 달과 강이 떨리는 물결로 조심스레 조우하는 광경은 슬프도록 아름답다. 가끔 시를 쓰고 싶지만 강을 바라보는 것만으로 시를 쓰고 있다고 느낀다.

강의 사유思惟는 깊다. 온갖 상념을 깊이 담고 있는 철학자의 모습으로 내 생각의 깊이가 얕음을 알게 한다. 강은 나의 잘못을 덮어주고 감싸주고 용서하며 아예 아무 일 없었던 듯이 다 쓸어안고 흘러가 버린다. 멀리 멀리. 그러고는 다시 돌아오지 않는다. 표현할 수 없는 아름다운 몸짓으로…. 성자聖者처럼 넓은 가슴으로….

한강 가까이 산 지 어언 40여 년, 잠자고 외출할 때가 아니면 방에서도 주방에서도 늘 강을 바라본다. 일상이 된 강 바라보기. 보고 또 봐도 보고 싶고, 달려가 안기고 싶다. 목마를 때마다 강의 긴 자락 곁으로 달려가 거기서 실컷 메마른 가슴을 적신다.

요즘 더 자주 강으로 향한다. 세상이 피곤하고 이해할 수 없는 일로 실망할 때, 내 존재에 대한 내일의 불안이 엄습할 때 강물의 부드러운 속삭임을 들으며 위안을 받고 싶어서다. 물 곁에 앉아서 한없이 나를 투시透視하며 포말의 하얀 수건으로 때 묻은 마음을 씻고 닦는다.

가을이 오는 길목, 강변에 연갈색 수크령이 하늘거린다. 낮은 곳을 향하여 가슴을 부비는 이 '착한 사람' 곁에서 오래도록 함께 하길 소원한다.

강.

오늘도 강으로 간다.

2장

흔들리는 까치 둥지

살 집을 갖고 싶어 하는 것은

물욕이 아니라 세상의 모든 사랑 중에서도

가장 숭고한 가족 사랑의 거룩한 본능이다.

가벼운 돌

마음이 무거울 때 바라보는 돌이 있다. 돌은 돌인데 돌 같지 않은 못난이 돌이다. 매끈하지 않고 거무데데하다. 모양은 그렇다 쳐도 묵직함이라도 있으면 좋으련만 중량감이 느껴지지 않는다. 하지만 이 돌을 보고 있으면 무거운 마음이 가벼워진다.

돌과 만남은 제주도에서 이뤄진다. 관광 상품 판매장에 들렀다가 마땅히 살 게 없어 둘러보던 중 대바구니에 담긴 검은 돌이 눈에 띄었다. 아기 발처럼 생긴 것 하나를 사 와 책상에 놓고 본다. 볼수록 마음이 편안해진다.

제주도는 10만여 년 전 바다에서 융기한 용암의 땅이다. 대체로 이러한 섬의 풍광은 신비스럽고 아름답다. 화산이 폭발하면서 생긴 분출물과 미네랄이 풍부한 화산재가 쌓여 토양을 이루기 때문이다. 작은 돌은 줄줄이 쌓아 밭의 경계를 이루고 큰 돌은 바람 막는 돌담으로 쓰기도 한다.

검은 돌에 부딪히는 바닷물과 하얀 물거품은 끝없이 펼쳐진 노란 유채꽃과 조화를 이뤄 탄성을 자아낸다. 물웅덩이나 병풍 모양의 거대한 퇴적암도 화산 활동으로 얻게 된 부산물로서 제주를 관광지로 만드는 데 제 몫을 톡톡히 한다.

지구 상에는 지금도 일본, 인도네시아, 멕시코, 아이슬란드, 캄차카 반도 등등 여러 곳에서 활화산이 연기를 내뿜고 있다. 땅, 바다, 산속 깊은 곳에서 암석이 녹아 뜨거운 마그마가 지표를 뚫고 나오면서 폭발한다. 섬 한가운데 솟은 한라산은 여러 번의 화산 작용으로 조면암과 현무암으로 이뤄지고 정상에 있는 백록담은 그 화구호火口湖다.

그러니 지금 책상에 조용히 앉은 이 돌은 뜨거운 용암과 뒤섞여 엎어지고 뒤집어지기를 수없이 반복했을 것이다. 공중으로 치솟았다 천 길 낭떠러지 아래로 떨어지면서 돌 속의 모든 것이 녹아 쏟아져 이렇듯 가벼워진 것 아닌가. 일본 홋카이도에서 봤던 한 민둥산도 화산 폭발 때 솟아오른 것이라 해서 그 위력의 정도를 짐작할 수 있다.

내 앞에 다소곳이 앉아 있는 못난이 돌은 이런 단련을 겪고 살아남았다. 불을 뿜는 산과 흔들리는 땅에서 몸부림쳤다. 상상을 초월한 고통을 이겨내고 어딘가에 떨어졌다가 아기발 모양으로 나에게 와 마음이 무거울 때 토닥거려준다. 환하게 웃음 짓는 아기천사처럼.

지극히 어려운 과정을 겪은 돌은 볼수록 위안이 된다. 뜨거운 불길을 이겨낸 모습은 세상 염려 근심을 씻어 버린 듯하다. 쫓김 없이 느긋하다.

가벼운 마음으로 한가로이 숲길을 걸으며 영혼을 다스리는 수도자 같다.

사람들은 혼잡한 도시의 소음, 일상에의 불안과 초조, 외로움과 무거운 짐을 내려놓고 싶어 순례의 길을 떠난다. 배낭 하나만 달랑 메고 발이 땀에 젖고 부르터 상처가 나도록 목적지를 향해 걷고 또 걷는다. 얼굴엔 미소와 편안함이 넘친다. 버리고 비워내 단순해지고 가벼워진다. 가벼운 돌 하나를 보는 것만으로 산티아고 순례 길을 연상한다.

파울로 코엘류의 저서 『연금술사』를 읽고는 더 깊은 뜻을 이해하고 싶어 이 책을 해설한 스페인 작가 페드로 팔라오 폰스의 책을 샀다. 그는 『파울로 코엘류의 연금술사의 비밀』에서 "인간의 연금술은 허무함, 자아도취, 시기심, 애정, 두려움에서 벗어나는 일이며 우리 자신에게 도달하는 데 필요한 연금술적 정화를 의미하고 있다. 왜냐하면 가장 먼저 우리 자신을 정화하고 잘못된 가치를 버려야만 진정한 길로 들어갈 수 있기 때문이다."라고 말한다. 태우고 또 태움으로써 가벼워진 화산 돌처럼.

나를 돌아본다. 얼마나 뜨겁게 나 자신을 정제精製하는 불을 지피는지! 무가치한 것을 가치라고 여기는 잘못된 것을 버리고자 얼마나 나를 두드리고 또 내리치는지! 몇 번이나 나를 쳐서 복종시키는지! 그 두드림을 두려워하고 아파하고 몸을 사리는 나, 그러나 책상 위의 돌은 연금술사가 실험실에서 썼던 불보다 천 배 만 배나 더 뜨거운 데서 한없이 정화된 몸체가 아닌가.

살아가는 길은 화산 폭발처럼 강렬한 때도, 그만큼은 아닐지언정 크고 작은 일이 수없이 일어나고 사라지기를 반복한다. 날마다 예측할 수 없는 일이 밀물 썰물처럼 들고 난다. 하루하루 사는 게 기적이다.

돌을 바라본다. "태워 비우세요."라고 속삭이는 듯하다. 무시로 찾아오는 욕심을 태우고 또 태워야겠다. 당치 않는 복을 바라지 않고 주어진 만큼에 감사하면서.

10만 년 전쯤 태어났을지도 모를 가벼운 돌, 거무데데하고 구멍 숭숭 뚫린 못난이 돌이 아기 천사, 철학자, 순례자의 모습으로 다가온다.

하늘로 향한 창

천천히 눈이 내린다. 눈꽃송이가 마음을 차분하게 한다. 온 세상이 평안하다. 하늘에서 내려오는 하얀 천사들과 함께.

작은 골방이 있는 집이 생각난다. 벽 창문은 없지만 하늘로 향한 천장 창을 통해 빛이 들어왔다. 길쭉해서 별 쓸모없는 방이지만 어머니는 멸치나 미역 같은 마른 찬거리를 두기도 하고 다듬잇돌, 뒤주, 밥상 등을 두고 부엌 창고처럼 썼다. 나도 자주 들락거렸다.

차츰 그 방이 좋아졌다. 천장 창 때문이다. 아예 책상과 이불을 갖다 놓고 공부하고 잠잤다. 『알프스의 소녀』 같은 소년소녀 명작을 읽으며 시간 가는 줄 모르고 하늘을 바라보는 재미에 빠졌다.

요지경 같은 천장 창에 햇빛이 쏟아지고 각양각색의 구름이 밀려왔다 사라진다. 주룩주룩 소나기가 쏟아지면 금방이라도 깨질 것 같지만 시원해서 좋다. 유리문 위에 눈이 쌓이면 풀칠하여 가을 햇볕에 말린 창호지 문처럼 아늑하다. 해가 지면 노을빛으로 물들고 이내 밤이 오면 달빛 별빛이 쏟아진다.

어머니는 그 방이 왜 그리 좋으냐고 물으셨다. 대뜸 하늘을 볼 수 있어 좋다고 대답했다. 천장 창을 통해 고운 빛으로 짜인 줄이 하늘과 나를 연결해 주는 듯했고, 볼품없는 방이 그 안에 있는 내 모습조차 그럴싸하게 변하게 하는 기분이었다.

나는 하늘을 좋아한다. 비행기 탈 기회가 있으면 일부러 창가에 자리 잡고 하늘을 눈 속에 담는다. 새, 풍선, 무지개, 구름 등 하늘에 있는 것은 다 보기 좋다. 하늘을 보면 가슴이 뛴다. 영원한 것을 꿈꾼다. 상상의 사다리를 타고 실컷 하늘을 오르내린다.

지금 사는 집은 아파트 4층이다. 설거지할 때마다 창문 밖에서 자라는 큰 목련나무의 맨 끝을 본다. 나무는 땅속 깊이 뿌리를 박고 서 있지만 해마다 새 가지를 뻗어 하늘을 향한 뜨거운 갈망을 멈추지 않는다.

하지만 나는 이런저런 무거운 세상사에 짓눌려 고개 숙인 채 땅만 내려다보며 사는 것 같다. 어린 시절의 천장 창이 그리운 것은 하늘을 향해 기도하는 모습으로 서 있는 나무의 끝없는 추구를 닮고 싶어서인지 모른다.

마음속에 하늘을 향한 예쁜 천장 창이 있음이 감사하다. 그것을 생각하면 행복해지기 때문이다. 주위가 어두워질 때나 오늘처럼 천사가 내려오듯 천천히 눈이 내리면 살며시 열어본다.

프랑스 시인 폴 베를렌느의 시 한 구절이 생각난다. 그가 감옥에 갇혔을 때 쓴 시다.

지붕 너머로 하늘은
저리도 푸르고 저리도 고요하구나.
지붕 너머로 종려나무는
나뭇가지들을 저리도 흔드는구나.

누군가는 삶을 감옥이라고 비유했다. 하지만 쇠창살 너머 보이는 푸른 하늘이 있어 살 만하지 않은가. 오늘은 이렇게 눈꽃송이 천사를 보내주는 하늘이.

진보라 저고리

이른 아침, 이슬 머금은 진보랏빛 달개비꽃을 보면 생각나는 사람이 있다. 대학시절 기숙사 사감 선생님이다. 그분은 신학교를 졸업한 후 목회자의 꿈을 가졌지만 6·25 전쟁 중 한쪽 다리를 잃고 미혼으로 전도사의 길을 걸었다. 친척이라곤 이북에서 같이 내려온 여동생뿐이어서 퍽 외로운 분이다.

1956년 미국 남장로교 선교회Mission of the Presbyterian, U.S.A.는 기독교대학 대전대학을 세우고, 학생들을 기숙사에 기거하게 하면서 철저한 교육을 시켰다. 그때 선생님은 여자 기숙생들의 생활지도를 맡은 것이다.

나는 아버지의 특별한 권유로 지금은 한남대학교로 개칭한 이 학교 영문과에 입학했다. 기숙사 생활을 해야 한다는 말을 듣고 중학교 때 읽었던 현진건의 'B 사감과 러브레터'가 머릿속을 스쳤다. 소설 첫 부분에 나오는 B 사감의 외모는 그렇다 쳐도 "돋보기 너머로 쌀쌀한 눈이 노릴 때엔 기숙생들이 오싹하고 몸서리를 치리만큼 그는 엄격하고 매서웠다."라는 구절이 떠올랐다.

하지만 선생님을 처음 뵙는 순간을 잊을 수 없다. 귀태가 흐르는 달개비꽃 같은 인상이었고, 곱게 빗어 내린 머리를 돌돌 말아 고정시킨 단정한 머리 모양은 어릴 적 내 어머니와 비슷했다. 이목구비가 뚜렷하면서도 중년의 부드러운 얼굴에 인자한 미소를 띤 기품 있는 모습이었다.

선생님 방은 언제나 깔끔하게 정돈되고 반닫이 위 침구를 덮은 천은 깨끗했다. 사시사철 한복을 입으시는데 저고리 동정이나 치맛자락에 때가 묻은 것을 본 적이 없고, 댓돌에는 하얀 고무신이 나란히 놓여있었다. 틈만 나면 긴 빗자루를 들고 기숙사 마당을 쓸고 다녔다.

누구에게나 학생들을 '우리 딸들'이라고 하며 자식처럼 품 안에 안고 책임감과 예의를 갖춘 올곧은 사람으로 가르치고 싶어 했다. 캠퍼스 교회 새벽기도 때마다 맨 나중까지 홀로 남아 손수건으로 눈물을 훔치며 기도하던 모습이 눈에 선하다.

우선 선생님은 어떻게든 학생들을 잘 먹이려고 노심초사했다. 넉넉잖은 부식비로 왕성한 식욕을 채워줘야 하니 머리를 짜낼 수밖에 없었다. 가끔씩 고향에서 자주 드셨다는 별미 준치 만둣국이나 주말 특별요리를 해주셨다. 단골 메뉴인 오이장아찌 무침이 지겨워 졸업 후엔 먹지 않는다는 친구도 있지만 나는 지금도 즐겨먹는다. 오이장아찌를 먹을 땐 옛 시절로 다시 돌아가고 싶고, 더 좋은 음식을 해 주지 못해 애틋해 하는 어머니의 심정으로 돌봐주신 선생님에 대한 고마움이 밀려온다.

고고함과 당당함은 그분의 매력이었다. 한없이 인자하고 겸손하면서도 옳고 그름을 따질 땐 목소리가 우렁찼다. 여자 기숙사라고 무시하다간 큰코다친다. 남학생은 얼씬 못하고, 기숙생들이 밤늦게 돌아오거나 규칙을 위반하면 혼쭐이 나도록 야단쳤다.

가끔 식사와 저녁 예배를 끝낸 우리는 느긋한 기분으로 선생님 주위에 모여들었다. 그러고는 "선생님, 첫사랑 이야기 좀 해주세요."라고 졸라대면 "이 사람들아. 내가 무슨 사랑을…." 하면서 큰 소리로 웃으시며 얼굴이 붉게 물들곤 했다.

학교가 교외에 있어 주말마다 선생님은 시내로 장 보러 가셨다. 그러다 보면 늦을 때가 많아 우리는 버스정류장에 나가 선생님을 기다리다가 함께 배 과수원 길을 돌아오곤 했다. 인기척 없는 교교월색皎皎月色의 밤. 기숙사 바로 앞 호숫가엔 아름드리 큰 나무가 줄지어 서 있고, 배꽃나무 그림자와 둥근달이 호수 속에서 어른거렸다. 4년간 선생님과 함께 살면서 잊지 못할 추억이 어찌 한두 가지랴.

졸업식 날이 왔다. 선생님은 검은 가운 안에 초록색 저고리를 입은 나를 불러서 좀 추워 보인다며 반닫이 깊은 곳에서 진보라 저고리를 꺼내 입어보라고 했다. 내가 좋아하는 달개비꽃 색이다. 소중하게 아껴둔 비단 저고리임에 틀림없었다. 선생님은 겨울엔 쑥색이나 회색, 여름엔 베이지색이나 흰색 치마저고리를 입었기에 진보라 저고리는 처음 봤다.

졸업식을 마치고 저고리를 되돌려드리자 선물이라며 받지 않으셨다. 큰 은혜를 받았으면서 변변한 선물도 드리지 못하고 저고리만 받고 그 분 곁을 떠나야만 했다. 여동생 한 분과 조카 외엔 찾아오는 가족도 없는 외로운 분, 여름과 겨울 긴 방학 동안 텅 빈 기숙사에 홀로 계실 선생님이 걱정스러웠다.

내가 서울에서 신접살림을 한다는 소식을 듣고 스테인리스 밥통과 밥공기 여섯 개를 보냈다. 만년필로 쓴 긴 편지와 함께. 지금도 고이 간직하고 감사한 마음을 잊지 않는다.

세월이 흘러 선생님도 대전을 떠나 안양에 있는 목회자를 위한 원로원으로 거처를 옮겼다. 당뇨로 기력도 약해져 건강이 예전 같지 않았다. 졸업생 몇이 불쑥 찾아뵙는 것도 예의가 아닐 것 같아 방문할 날짜를 알리면 먹을 것을 한 상 가득 차려놓고 기다렸다. 다시 원로원이 공주 외곽으로 옮긴 후 몇 번 찾아뵌 적이 있지만 자주 가진 못했다.

어느 날 후배한테서 선생님이 서울 노인요양병원에 입원했다는 연락을 받고 찾아뵈었다. 순간 아무 말도 할 수 없었다. 그 누구 앞에서도 당당함을 잃지 않고 폐 끼치기 싫어한 선생님은 힘없이 침대에 누워있었다. 검약과 절제의 모습, 총명한 눈매와 건강한 모습은 다 어디로 갔는지…. 하지만 사랑이 넘치는 인자한 모습은 그대로였다.

며칠 뒤, 과일을 사 들고 병원에 갔다. 오늘은 진보라 저고리를 여전히 잘 간직하고 있고, 그것을 볼 때마다 선생님이 뵙고 싶었다고 말할 참이었다. 삶의 힘든 길목마다 저고리를 꺼내보며 선생님의 가르침을 기억했다고 조곤조곤 나누고 싶었다. 옛날처럼 딸을 위한 눈물겨운 기도를 꼭 한 번 듣고 싶다는 생각을 하며 계단을 올라갔다.

2층 병실.

웬일일까. 선생님이 누워있던 침대가 텅 비었다. 검사실에 가셨나 하고 간호사에게 물었다. 그녀는 "오늘 아침 돌아가셨어요!"라고 말했다. 허망했다. 가슴이 아파왔다. 믿기지 않아 주위를 둘러보다가 하얀 시트를 젖히고 침대 밑을 살펴보았다. 미처 치우지 못한 의족義足이 덩그러니 놓여있었다.

키다리 아저씨의 1분 의식

저녁 어스름이 안개처럼 깔립니다. 검은 장막이 펼쳐지듯 도시의 분위기는 침울해지죠. 바로 이때 어둠 속에서 연한 주홍빛 점들이 나타나기 시작합니다. 주위를 환히 밝혀주는 가로등불입니다. 짓누르던 어둠이 말끔히 사라집니다. 지금은 가로등이 한순간 반짝 켜지지만 예전엔 다 켜질 때까지 1분 정도 걸렸습니다. 나는 이 광경을 '키다리 아저씨의 1분 의식儀式'이라 부릅니다. 그만큼 엄숙하게 보이죠. 아저씨는 저녁마다 누가 보든 안 보든 상관하지 않고 의식을 치릅니다. 강변 아파트여서 저녁 식사를 준비하는 시간이면 저절로 보입니다.

신기하게도 아저씨의 1분 의식이 끝나면 시가지는 전혀 다르게 변합니다. 차들은 올림픽 대로를 쌩쌩 달리고 양화대교 · 서강대교 · 마포대교는 우아하게 드러납니다. 빌딩과 아파트는 별빛으로 수놓은 듯 도시는 마치 환자가 깨어난 것 같습니다. 도시는 활기차고 아름답습니다.

불빛은 내 마음을 고향 마당 흙처럼 부드럽게 합니다. 팥고물처럼 말랑말랑해서 흙장난을 많이 했습니다. 이 집 저 집 연한 주홍색 등잔 불빛은 어린 마음을 따뜻이 감싸주었지요. 외갓집에 놀러 가면 툇마루에서 노을이 물든 서쪽하늘을 보며 엄마 생각을 하며 울먹였는데 지금도 해가 질 땐 서글픕니다. 하지만 아저씨가 있습니다.

아저씨는 키가 너무 큰데다가 깡말라서 볼품없습니다. 친구도 30m쯤 떨어져 있어 얘기할 수 없죠. 한여름 뙤약볕에 온종일 서 있으면 숨이 막히고, 겨울엔 찬바람이 들이쳐서 오들오들 떨고 서 있습니다. 억수로 비가 오면 참을 수 없어 눈물을 줄줄 흘립니다. 신세 가련해 보입니다.

하지만 묵묵히 할 일을 합니다. 자전거족이 맘 놓고 달릴 수 있게 길을 비춰 주지요. 언젠가 프랑스 루아르 지역의 샹보르 고성 근처에서 가로등 없는 숲길을 자동차 헤드라이트만 의지하고 달린 적이 있습니다. 칠흑 같은 어둠이 얼마나 겁났는지 모릅니다. 가로등 아저씨는 위로자이며 안내자와 다름없습니다. 아저씨의 피할 수 없는 사명입니다.

이양하의 수필 「나무」의 한 구절이 떠오릅니다. "나무는 친구끼리 서로 즐긴다느니 보다는 제각기 하늘이 준 힘을 다하여 널리 가지를 펴고 아름다운 꽃을 피우고 열매를 맺는 데 더 힘을 쓴다. 그리고 하늘을 우러러 항상 감사하고 찬송하고 묵도하는 것으로 일삼는다."라는 글입니다. 키다리 아저씨 생각이 납니다. 빛을 비추는 것에 온 힘을 쓰는 모습이 나무와 닮았습니다.

세상에는 하늘이 준 힘을 다하여 가지를 펴고 꽃을 피우고 빛을 주는 사람이 있습니다. 미국 최고의 토크쇼 여왕이던 오프라도 그중 한 사람으로 여겨집니다. 오래전 미국 CBS TV 프로그램 '오프라 윈프리 쇼'의 고별 장면을 보았습니다. 그녀는 수많은 청중이 사랑과 존경을 표하며 손을 흔들 때, 무대에서 눈물을 흘리며 말없이 서 있었습니다. 가슴 뭉클한 감동이었지요. 그 토크쇼를 가끔 보았기 때문에 미국인들이 왜 그토록 그녀의 떠남을 아쉬워하는지 알 수 있었습니다.

그녀는 불우한 어린 시절을 보냈습니다. 사생아로 태어나 자신도 미혼모가 되고 성폭행과 가출과 마약을 경험하는 상처를 안고 빈곤 속에서 자랐습니다. 하지만 닥치는 고통을 희망으로 풀어내지요. 그녀는 미국 사회에서 '희망을 만드는 사람'으로 통한다는 기사를 읽었습니다.

토크쇼에서 절망에 빠진 출연자에게 자신의 암울했던 경험을 진솔하게 고백하며 겸손한 모습으로 다가가 공감을 자아냅니다. 잘못을 저질러 수치스러운 과거가 있는 사람도 대화로 이끌어 시청자를 감동하게 합니다. 그들이 운명을 넘어서는 삶을 이어가기를 원하며 '강하고 착하게 살라'면서 용기를 줍니다.

오프라 윈프리는 25년간이나 시청자와 함께 울고 웃으며 등불 같은 존재가 됩니다. 미국뿐 아니라 세계 14개국에서 그녀의 쇼를 시청하는 영향력 있는 여성이 됩니다. 그녀는 이제 억만장자가 되어 굶주리는 지구촌 어린이와 소외된 사람들을 위해 부富를 나누고 매일 감사 일기를 쓴다고 합니다.

우리나라에서도 위기 때마다 빛의 역할을 하는 자들이 있습니다. 2007년 충남 태안 기름유출 사고 때, 참담한 상황에 모두 넋을 잃고 있었습니다. 그런데 전국에서 남녀노소 할 것 없이 123만 명이 구름처럼 몰려와 냄새나고 시커멓고 찐득찐득한 원유를 쓰레받기로 퍼 담고 흡착포로 기름을 닦았습니다. 다시 깨끗한 해변으로 돌아왔고 이러한 한국인의 모습에 세계가 놀랐습니다.

올여름엔 엄청난 폭우가 쏟아져 재난을 당한 이웃이 많았습니다. 살던 집이며 피땀 흘려 가꾼 채소와 과일이 엉망이 되고, 양식장이 폐허로 변해 농어민의 가슴이 타들어갔습니다. 그나마 자원봉사자들이 달려가 몸을 사리지 않고 도우며 절망에서 일어나도록 손을 잡아주었습니다. 아무 말 없이 주위를 비추는 키다리 아저씨 같은 사람들입니다.

중학교 때 걸 스카우트 단원이었습니다. 입단 선서식에서 '일일 일선一日一善'하겠다고 오른 손가락 세 개를 들어 약속했습니다. 지금까지 그 약속을 지키지 못하고 삽니다. 태안 앞바다에도 가지 못했고, 폭우로 어려움을 당한 사람을 찾아가지도 못했습니다. 마음뿐이었습니다. 키다리 아저씨 보기가 부끄럽습니다.

저녁입니다. 조용히 키다리 아저씨의 1분 의식이 진행됩니다. 어둠 속에서 아주 작은 주홍빛 점들이 나타나기 시작합니다. 내 마음에도 빛 한 점이 보입니다.

그만큼 행복한 날이

어린 시절이 행복했다고 말하는 사람이 많다. 순수해서 세상살이 경험이 쌓이지 않아 세태에 물들지 않았을 때다.

일곱 살 되던 해 6 · 25 전쟁이 났다. 어머니는 남동생을 업은 채 양 손도 모자라 보따리를 머리에 이고 걸으면서도 내 어깨엔 부채와 작은 물통 하나를 메어 주셨다. 험난한 피난길인데 나는 소풍 가는 아이처럼 철이 없었다.

전쟁이 끝난 뒤엔 전북 익산군 만경강 근처 할아버지 집에서 대가족이 모여 살았다. 먹을 것 입을 것이 여의치 않아 어른들은 고통의 시기였을 텐데 나는 들녘을 헤매고 다니면서 자연을 즐겼다. 떠오르는 태양은 밝은 하루를 선물하고 저녁노을은 지평선 너머로 하늘을 물들였다. 흙냄새 가득한 대지의 품 안에서 누렸던 기억이 어른이 된 내 마음속에 깊이 박혀 있다. 보석처럼 빛나며….

작가 조정래의 소설 『아리랑』 첫 문장은 이렇게 시작한다. "초록빛으로 가득한 들녘 끝은 아슴하게 멀었다. 그 가이없이 넓은 들의 끝과 끝은 눈길이 닿지 않아 마치도 하늘이 그대로 내려앉은 듯싶었다." 이 멋진 구절은 내가 보았던 어렸을 적 풍경을 그대로 떠오르게 한다.

우리나라의 곡창지대를 이루는 평야 중 호남평야는 김제를 중심으로 한반도에서 가장 넓고 비옥한 농경문화의 산실로 일컬어진다. 수리시설과 곡식 저장고가 잘돼 있어 풍성한 수확을 거둬들였다. 넓은 논밭을 갖고 있으면서 많은 식솔을 거느리는 부자들도 많았다.

국토의 70%가 산으로 된 우리나라에서 만경평야는 생명을 이어주는 기름진 땅이다. 하지만 일제강점기엔 슬픈 땅이었다. 일본인은 이 평야의 일부를 손아귀에 넣어 호남 들판에서 나오는 쌀을 챙기고 농민을 수탈의 대상으로 삼았다. 그들은 힘들게 지은 곡식을 공출供出로 받아 군산항을 통해 일본으로 가져갔다.

이토록 뼈아프게 농사를 지어도 가난에 시달려야만 하는 슬픔의 땅이 어린 나에겐 아름다운 그림으로 기억됨이 차라리 나을 성싶다. 자운영 꽃으로 물든 진분홍색 들녘, 바람에 춤추는 청보리 무리, 묵직하게 고개 숙인 벼들의 황금빛 가을, 회색 겨울….

질경이와 쇠비름으로 절어 있는 논둑길은 풀냄새로 가득하다. 벼 잎에 붙어있는 메뚜기를 잡아 유리병에 넣거나 강아지풀에 꿰느라 얼굴은 햇볕에 까맣게 탄다. 거품을 내며 논바닥을 헤집고 다니는 게를 잡으면 재수 좋은 날이고, 가을이면 새 쫓는 게 일이다. 언니와 나는 논 가운데 오두막에서 새들이 놀라 달아나도록 줄을 잡아당기고, 좁은 논둑길에 의자를 놓고 앉아 놀다 넘어져 아래 논으로 처박힌다.

도랑물엔 소금쟁이와 물방개가 동그라미를 그리며 헤엄치고 잠자리는 어지럽게 맴돈다. 논물에 둥둥 떠 있는 연둣빛 개구리밥• 을 발로 건져 올리면 종아리까지 개구리밥 범벅이다. 찬바람 불어대는 겨울에도 또래들과 막대기로 벼 그루터기를 쿡쿡 찔러 논우렁이를 잡는다. 흙, 개울, 풀 속에서 꿈틀거리는 생명체의 촉감은 어른이 된 나의 손끝에 살아 있어 때로 지친 나를 일어나게 한다.

호남평야를 관통해 흐르는 젖줄은 만경강이다. 완주군 동상면에서 발원해 전주, 익산, 김제, 부안을 거쳐 서해바다에 이른다. 집 앞 논길을 한참 걸으면 길게 누운 만경강 둑과 만나고, 소들이 풀을 뜯는 둑 위에 올라서면 강이 보인다.

할머니가 호미를 들고 강변에 일군 밭에 가실 채비를 하면 졸졸 따라가 할머니가 밭일 하시는 동안 강변을 돌아다닌다. 작은 나룻배 한 척이 찰싹이며 밀려오는 물살에 흔들거릴 뿐 사방이 조용하다. 고요한 강의 정적靜寂은 아직도 마음에 그대로 남아 소음에 찌든 나에게 평정을 준다.

할머니는 밭일을 끝내고 둑 위에서 허리를 펴며 꽃을 옷섶에 문질러 꽃 모양을 찍어내는 나를 보곤 웃는다. 꽃잎이 노랗고 중심은 자줏빛을 띄

• 논이나 늪지 등에 뜨는 작은 풀로 '부평초'라고도 함.

는 꽃이 군락을 이뤄 바람에 한들한들 춤을 춘다. 러시아 산 '루드베키아' 라는 꽃과 색은 비슷하지만 크기는 작다. 시야가 탁 트인 둑에서 아득한 강 끝을 바라보던 할머니는 "저어기 군산 바다, 서해구나."라고 말씀하신다. 할머니의 손가락 방향 바로 그곳에 잔잔한 은빛 물결이 반짝인다.

그 은빛 경이감은 지금도 사라지지 않고 더욱 반짝이며 내 영혼을 감싸고 있다. 언젠가 일생이 다하는 때 그 바다 같은 아름답고 눈부신 세계를 꿈꾸며 위로를 받으리라. 먼 바다의 광휘光輝를 기억하면서….

시인 심호택은 어릴 적 산야에서 찬바람 속에 가오리연을 날리던 때가 생애의 절정이라고 노래한다. 그의 시집 『하늘밥도둑』에 「그만큼 행복한 날이」라는 시가 가슴에 와 닿는다. 나는 그의 시집을 침상 머리맡에 두고 읽는다.

그만큼 행복한 날이
다시는 없으리
싸리빗자루 둘러메고
살금살금 잠자리 쫓다가
얼굴이 발갛게 익어 들어오던 날

잊지 못한다. 전쟁이 할퀴고 간 땅에서 어린 영혼이 누렸던 풍요로움과 순수함과 위안을…. 다시 돌아올까. 그만큼 행복한 날이.

뼈아프게 농사를 지어도 가난에 시달려야만 하는 슬픔의 땅이 어린 나에겐 아름다운 그림으로 기억됨이 차라리 나을 성싶다. 자운영 꽃으로 물든 진분홍색 들녘, 바람에 춤추는 청보리 무리, 묵직하게 고개 숙인 벼들의 황금빛 가을, 회색 겨울…

질경이와 쇠비름으로 절어 있는 논두길은 풀냄새로 가득하다.

오베르 언덕에서

오베르에 가려면 파리 생 라자르에서 교외선 열차로 1시간쯤 가다가 퐁투아즈에서 갈아타야 한다. 승차장에는 오베르에서 생을 마감한, 색채와 빛의 화가 빈센트 반 고흐의 발자취를 찾아 나선 사람들이 붐빈다.

넓은 들판과 우아즈 강 사이에 형성된 작은 마을 오베르는 고흐 덕분에 유명 관광지가 됐다. 이토록 세계인을 매료시키는 힘이 무엇인지 생각하다 보니 어느새 하얗고 깔끔한 역에 도착한다. 날씨는 덥지만 고흐가 이 역을 지나다니는 것을 상상하니 마음이 설렌다.

오베르 성에서 기념품 가게를 둘러보고 영상을 본 뒤 정원으로 내려오니 고흐 상像이 서 있다. 불우했던 삶을 생각하며 그의 하숙집이었던 라부 여관으로 향한다. 1층은 옛날처럼 레스토랑으로, 2, 3층은 숙소로 사용 중이고 그가 묵었던 3층 다락방은 공개되어 사람들이 오간다.

나선형 나무계단을 올라가 다락방에 이른다. 방에 들어서니 경사진 천장 창을 통해 빛이 들어온다. 낡은 1인용 침대와 밀짚 의자 하나뿐인 좁은 방, 바로 여기서 고흐는 숨을 거둔다. "산다는 것 자체가 인생의 고통이다."라는 말을 남기고….

숨지기 이틀 전, 고흐는 점심식사를 하고 그림을 그리러 밀밭으로 간다. 그리고 권총으로 자신의 가슴을 쏜다. 해가 저물어갈 때서야 몽롱한 의식으로 1킬로미터 되는 작은 길을 따라 비틀거리며 하숙집에 돌아온다. 배를 움켜쥔 채 이 다락방으로 올라와 처절하게 신음한다. 그의 죽음에 대한 수수께끼는 아직도 확실하게 풀리지 않은 채 추측만 있을 뿐이다.

고흐는 1853년 네덜란드에서 칼뱅교 목사의 장남으로 태어난다. 구필 상점 점원, 기숙학교 교사 등 여러 직업을 전전하면서 사회적 모순을 느끼며 상처를 받는다. 신학을 공부한 그는 목사가 되기로 결심하고 탄광지대로 가서 우울한 광부들과 가족에게 한 줄기 빛이 된다. 부드러운 미소와 진심 어린 설교는 비참한 생활을 하는 그들에게 감동과 위로를 준다.

그즈음 큰 탄광사고가 일어난다. 갱에 수십 명이 갇혔는데 결국 구조되지 못하고 심지어 아이들이 일하다 화상을 입고 실려 나오는 처참한 광경을 본다. 고흐는 붕대를 찾지만 집에 흰색 천이라곤 하나도 없다는 아이 엄마의 말을 듣는다. 할 수 없이 자신의 셔츠와 속옷을 가늘게 찢어 붕대를 만들어 상처를 싸매며 헌신적으로 돌본다. 얼마 안 되는 전도사 월급을 각 가정에 나눠주어 그걸로 마을 사람들은 일주일을 살기도 한다.

고흐는 불쌍한 사람을 도울 수 없는 자신의 무력함을 느끼며 몸부림친다. 춥고 좌절하고 절망하는 가난한 사람에게 '하나님은 자비로우시다'라는 설교를 더는 할 수 없을 지경에 이르자 그곳을 떠나고 만다. 머릿속에서 '나는 패배자'란 말이 맴돌며 앞으로 무엇을 하며 살아야 할지 몰라 방황한다.

그러던 중 27세에 화가가 되기로 맘먹는다. 동생 테오의 격려가 결정적이었다. 세 살 아래인 그는 파리에서 예의 바른 미술품 중개인으로 주위 사람의 존경을 받으며 훌륭하게 성장한다. 테오는 언제나 형을 걱정하며 세상에서 가장 중요한 존재로 여기고, 형도 동생의 정신적 · 물질적 도움을 받으며 의지한다.

두 사람의 형제애는 다음 대화에서도 잘 나타난다.

"형, 아주 어렸을 적 형 손잡고 풀밭을 다닐 때부터 나는 무조건 형을 믿었어. 형이 가장 하고 싶은 게 뭔지 말해봐. 내가 자금을 공급할 테니까."

"고맙다. 테오. 사실 몇 년 동안 내 속에서 무언가가 튀어나오려고 발버둥쳐왔어. 사람이나 자연을 보면 미친 듯이 스케치를 하고 싶었지. 그런데 난 지금까지 제대로 한 게 하나도 없어. 어리석은 바보였어."

"무슨 상관이야. 형은 성공할 거야. 앞길이 구만리 같은데."

"아, 테오. 10년 안에 해야겠어."•

"물론 하고말고! 형이 어디서 살든 다달이 생활비를 보내줄게. 형만

• 그는 10년 동안 879점의 작품을 남긴다.

포기하지 않는다면 나는 절대로 포기하지 않겠어."

그후 2년간 파리의 동생 집에 살면서 고흐는 다른 화가들과 교류한다. 어두운 색에서 밝은 색으로 전환된 인상파의 영향이 드러나는 그림을 200점 넘게 그린다. 하지만 우울증을 앓게 되자 따뜻한 남프랑스의 아를로 향한다. 역 부근 광장에 있는 '노란 집'을 빌려 살면서 맑은 공기를 마시며 명작을 남긴다.

테오는 여전히 생활비를 보내준다. 하지만 고흐는 같이 생활하던 고갱과 성격이 맞지 않은데다 그가 떠나려 하자 발작을 일으켜 자신의 귀를 자른다. 이 사건으로 생 레미의 정신병원에 격리된다. 발작은 늘 있는 게 아니라 3개월 주기로 일어난다는 것을 고흐도 알았고, 불안한 중에도 200여 점의 그림을 그려낸다. 하지만 병이 나아질 기미가 없자 오베르에 사는 정신과 의사 가셰 박사를 찾아간다.

마지막 거처였던 오베르. 아름답고 평화로운 마을에서 그는 건강을 되찾은 듯 마을을 산책하며 발길 닿는 대로 눈길 머무는 대로 카페 · 교회 · 사람 · 풍경을 화폭에 담는다. 아득히 넓은 밀밭을 매일 걸으며 <맑게 갠 푸른 하늘의 밀밭>, <비가 내리는 밀밭>, <까마귀가 있는 밀밭> 등 시시각각 변하는 밀밭을 그리며 순조로운 나날을 보낸다. 70일 지내는 동안 60여 점의 그림을 그렸으니 얼마나 치열한 나날인가. 하지만 그토록 열정적으로 살던 이 다락방에서 생을 마감한다.

형이 죽자 테오도 극심한 파멸의 길을 가며 지병에 시달린다. 어릴 때부터 형을 좋아하고 따르며 늘 일심동체라고 말하더니 약속이나 한 듯 형의 뒤를 따라간다. 고흐가 떠난 지 6개월 만이다. 세월이 흐른 뒤 테오의 아내 요한나가 네덜란드에 있던 그의 유골을 오베르로 옮겨와 형 옆에 나란히 잠들게 한다. 조국 네덜란드에 머리는 둘, 가슴이 하나인 그들의 동상이 세워지고 제막식에 여왕이 참석했다고 한다.

슬픈 다락방을 나와 그가 그린 <오베르 교회> 계단을 올라간다. 교회 안에 마치 그의 영혼이 깃들어 있는 듯 신비한 기운이 감돈다. 묘지가 있는 언덕으로 발길을 옮긴다. 개양귀비 꽃이 핀 길에 참배객이 이어진다. 아무리 추운 겨울에도 끊임없이 찾아온다고 한다.

죽기 1년 전에 그린 <별이 빛나는 밤>처럼 그는 세계인의 가슴에 별이 되어 빛나고 있다. 생전엔 <붉은 포도밭> 단 한 점이 팔렸을 뿐 가난과 질병과 외로움에 시달렸던 그가 이토록 현대인에게 사랑받는 이유는 무엇일까. 이에 대한 답은 고흐 연구가의 몫이다. 다만 살아서 꿈틀거리듯 누구도 흉내 낼 수 없는 그의 그림을 보고 있노라면 가슴이 뜨거워지고 그가 품었던 예술적 열정과 인간애를 느낀다.

고흐 자신도 맘에 들어 했던 <감자 먹는 사람들>을 보라. 어두운 방 램프 아래에서 가난한 아낙네들이 둘러앉아 감자를 권하며 차를 따른다. 어려운 이웃과 소통하려는 마음이 진하게 녹아있다. 그는 가난한 자, 병든 자를 도와주려 했고 절망하는 이웃에게 희망을 주려는 진실하고 따뜻한 가슴을 가진 사람이었음을 알 수 있다.

많은 사람에게 썼던 고흐의 편지글은 "영혼의 글"이라 할 만하다. 특히 테오와 요한나에겐 늘 고맙고 미안하다는 편지를 보내면서 그림이 잘 팔려 동생에게 보답하고 싶은 마음이 간절하게 묻어난다. 그는 천재 화가이기 이전에 평범한 한 인간이었다. 직장을 갖고 돈을 벌어 꿈을 이루고 세상에서 쓸모 있는 사람이 되기 원했을 것이다.

이윽고 묘지에 다다른다. 나지막한 묘비 두 개가 나란히 서 있는 형제의 무덤을 무성한 초록색 아이비 덩굴이 하나로 감싸 안고 있다.

가난과 질병과 외로움에 시달렸던 그가 이토록 현대인에게 사랑받는 이유는 무엇일까. 이에 대한 답은 고흐 연구가의 몫이다. 다만 살아서 꿈틀거리듯 누구도 흉내 낼 수 없는 그의 그림을 보고 있노라면 가슴이 뜨거워지고 그가 품었던 예술적 열정과 인간애를 느낀다.

흔적

"당신은 당신이 살아온 증거로 무엇을 남기고 싶은가? 생명은 사라져도 자신의 과업은 오래도록 사라지지 않는다."

호스피스 전문의로 환자를 돌본 일본인 오츠 슈이치의 저서 『죽기 전에 후회하는 스물다섯 가지』에 나오는 구절이다. 짧은 인생이지만 남은 자들이 오래 기억할 만한 발자취를 남김으로써 후회 없는 삶을 살라는 뜻으로 여겨진다.

파리 거리엔 '이 자리는 한 청년이 독일군에 저항하다 총에 맞아 숨진 자리'라는 글이 새겨진 나지막한 돌담을 볼 수 있다. 생 미셸 광장에도 미국 작가 어니스트 헤밍웨이가 자주 와서 소설을 썼던 카페가 있다. 젊은 시절 7년간 파리에 정착해서 작가들과 교류하며 문학수업을 했던 헤밍웨이의 흔적을 더듬고자 이 카페엔 관광객이 끊임없이 찾아온다. 모딜리아니, 피카소, 드뷔시가 자주 찾았던 카페도 마찬가지다.

우리 집엔 한 화가의 흔적이 오롯이 남아있다. 한국 추상 미술의 중요한 흐름을 형성하고 약현성당 · 혜화성당 · 정동 제일교회 등 국내 최초로 유리화스테인드글라스를 제작한 이남규 화백의 그림이다. 수십 년 동안 간직하고 있으면서 흔적의 무한함을 느낀다.

남편과 친분이 있는 그는 추상화 두 점을 우리 결혼 선물로 주었다. 화가에게 자신의 그림은 분신처럼 무엇에도 비길 수 없는 소중한 것이어서 아무에게나 쉽게 내주지 않는다. 혼신의 힘을 기울인 단 하나뿐인 창작물이기 때문이다.

이를 잘 알기에 늘 고마운 마음을 갖고 이사 다닐 때마다 조심스럽게 다룬다. 손상되면 다시 살 수 없는 귀중품이다. 가장 잘 보이는 벽면에 이 그림을 걸면 방의 분위기가 바뀐다. 지금은 현관에 걸어놓고 드나들 때마다 감상하며 잠깐씩 생각에 잠긴다.

50여 년 전에 받은 그림이 아직까지 우리 가족과 함께 있다는 사실에 놀랄 때가 많다. 푸른색을 많이 쓴 추상화라 그런지 늘 새롭다. 색상도 변하지 않고 처음 상태 그대로여서 볼수록 상상력과 연상聯想 작용이 솟아오르는 듯하다. 회화의 미를 즐기며 마음의 평정을 찾는다. 그림을 버리지 않는 한 이 화백의 존재는 언제까지나 가슴속에 함께할 것이다.

안타깝게도 이 화백은 1993년에 세상을 떠났다. 그후 오랜 세월이 지났지만 그림은 여전히 변함없고 그림을 볼 때마다 그의 모습이 떠오른다. 큰 몸집에 굵은 목소리, 유머 넘치는 웃음 가득한 얼굴, 다정하고 소탈한 외모는 특유의 멋이 풍긴다. 최근 M 대학 교수인 이 화백 부인은 남편의 예술세계를 정리해 한 권의 책으로 펴냈다. 사랑하는 사람의 족적을 정리함으로써 자신이 해야 할 일을 이룬 것이다. 이 또한 아름다운 흔적이 아닐 수 없다.

흔적을 남기는 것은 의미가 있다. 한 사람이 어느 분야에서 어떤 생각으로 얼마만큼 노력하며 살았는지 알게 한다. 남은 사람은 이를 배우고 느끼며 그리워한다. 하루아침에 되는 일이 아닌 오랜 시간에 걸쳐 쌓인 인생의 결과물이기 때문이다.

17세기 영국 시인 존 밀턴은 44세의 젊은 나이에 실명한다. 하지만 큰 불행 속에서도 인내의 삶을 통해 신의 섭리를 깨닫는 시를 쓰고 마침내 『실낙원』을 쓴다. 깊은 신앙으로 빚은 불후의 작품은 그가 신께 드리는 진실하고 충실한 인생의 '참된 계산서'가 된다.

가끔 세계적인 가수 루치아노 파발로티와 마리아 칼라스가 열창하는 모습을 영상으로 보고 듣는다. 고인이 됐지만 그들과 동시대에 살았다는 것이 좋다. 크리스마스 때마다 TV에서 방영하는 '십계', '벤허', '쿼바디스' 그리고 '바람과 함께 사라지다', '위대한 유산', '사운드 오브 뮤직', 등등 수많은 영화감독과 배우들의 명연기는 여전히 감동적이다. 아름다운 흔적을 남긴 그들의 삶이 부럽다.

우리는 선대가 남긴 창조의 흔적을 찾아 감상하고 다시 이를 재탄생시키며 살고 있다. 흔적은 또 다른 흔적을 잉태하며 계속 이어갈 것이다. 위대한 문인이나 천재적인 예술가는 흔적을 남김으로써 인류에게 지혜의 등불이 되고 위안을 준다. 그들이 남긴 작품이 없다고 상상해본다. 얼마나 세상이 아니 내 삶이 삭막할지 클래식 음악을 들을 때마다 느낀다.

글을 쓰거나, 그림을 그리거나, 작곡이나 연주를 하는 것은 엄청난 정신적 · 육체적 에너지가 소모되는 일이다. 전문 분야를 정리해 저서로 남기는 것도 뭔가 하나쯤 남겨놓겠다는 의지와 목표가 없는 한 쉽지 않다. 그러나 그의 과업을 즐기는 다른 사람은 행복하다.

역사박물관이나 미술관 탐방, 특히 한 작가의 발자취를 찾아가는 생가와 문학관 탐방이 즐거운 이유다. 박경리 문학상 제정도 문학 지망생들이 세계작가와의 교류를 넓히는 꿈을 갖게 하는 흔적이 될 것 같다.

나에겐 '흔적'이라 할 만한 게 전혀 없다. 아무런 생각 없이 성실하게 살지 못한 결과다. 늦었지만 이제부터라도 의미 있는 흔적을 생각해봐야겠다. 아주 작은 것일지라도.

'내가 살아온 증거로 무엇을 남기고 싶은가?' 라고 물으면서.

갖고 싶은 열쇠

세상엔 갖고 싶은 것이 참 많다. 그중에서도 꼭 갖고 싶은 열쇠가 하나 있다.

젊지 않은 나이에 시간 강사를 하면서 늘 감사한 마음으로 지낸다. 갖고 싶은 연구실 열쇠만 빼고서. 교수가 아니므로 연구실이 없는 것은 당연한건데 부럽다. 그 열쇠가 단지 문을 열고 잠그는 것만이 아닌 왠지 아늑한 곳으로 안내해줄 것만 같다.

더위와 추위를 잘 타는 나는 기온에 따라 옷을 한 가지씩 벗거나 덧입어야 한다. 더욱이 새벽차를 타고 갔다가 저녁에 돌아와야 하니 그럴 곳은 화장실뿐이어서 여간 불편한 게 아니다. 빈 시간이면 정원 의자에 앉아있기도 민망하다. 가방 들고 강의실에 들어가는 것도 좀 그렇지만 책을 몇 권 넣으면 너무 무겁다. 학생들의 리포트를 받은 날은 더 힘들다. 휴게실에 사물함도 있고 커피 마실 공간도 있지만 내 방 같진 않다.

가끔 복도에서 아는 교수님을 만나면 연구실에 들어가자면서 열쇠를 꺼내 문을 연다. 연구실 분위기는 조용하고 편안하다. 정돈된 서가, 벽에 걸린 그림 몇 점, 탁자에 놓인 화분에서 풍기는 향기, 언제든 따끈한 차를 마실 수 있는 주전자가 있는 방…. 열쇠 하나가 마음을 안정시키고 즐겁게 한다.

문이 열리는 '찰칵' 소리는 언제나 들어도 즐겁다. 열쇠는 문을 여는 한낱 작은 사물 이상의 역할을 한다. 즉, 우리가 있어야 할 곳으로 인도하는 좋은 안내자 역할을 하는 것이다. 어머니 품속 같은 휴식처의 문을 열어 사랑이 회복하는 방으로 들어가게 한다. 그 방에선 어떤 문제든 확실하게 해결될 것 같다.

한 학생이 제출한 리포트 뒷면 그림이 좋아서 오래도록 간직하고 있다. 큰 캔버스에 유화로 옮겨 그렸다. 아치형 벽면에 문이 반쯤 열렸고, 그 문을 통해 보이는 바깥 풍경이 신비스럽게 보인다. 밝은 빛이 흰 꽃에 쏟아진다. 이 그림 한편에 이런 글이 쓰여 있다. "어느 날 문을 열고 들어가야 할 아름다운 곳이 있다면 거기서부터 내가 느끼는 사랑은 시작된다."라고. 호주머니에 열쇠 하나 있다면 이런 문을 열고 들어가고 싶다.

가슴 짜릿한 추억의 명화가 떠오른다. 로날드 콜맨과 그리어 가슨 주연의 '마음의 행로'다. 여주인공 폴라는 제1차 세계대전 때 입은 부상으로 기억상실증에 걸린 스미스와 사랑에 빠져 행복하게 산다. 어느 날 스미스는 또 교통사고를 당해 오래된 기억은 찾았지만, 아내와 살던 최근

일은 기억하지 못해 마침내 부부는 헤어지고 만다. 남편은 최근 아내와 살던 집의 열쇠가 호주머니에 들어있지만 어떤 열쇠인지 몰라 늘 안타까워한다.

한편 폴라는 자신을 기억하지 못하는 남편의 비서로 일하며 가까이서 그가 회복되기를 바란다. 보람도 없이 남편이 다른 여자와 결혼하려고 하자 상심하여 그의 곁을 떠나려 한다. 마지막으로 그들은 우연히 같이 살았던 옛집 앞을 지난다.

마을길을 따라 언젠가 와 본 듯한 그 집 앞에서 남편은 발길을 멈춘다. 그리고 허리까지 닿는 하얀 문을 밀고 들어간다. 꽃이 핀 나뭇가지가 그의 얼굴을 스친다. 그 나뭇가지를 살짝 젖히면서 현관문으로 다가간다. 그는 호주머니에서 의문의 열쇠를 꺼내 열기를 시도한다. 삐거덕~ 소리를 내며 문이 열린다. 열쇠 하나로 아내도 찾고 집도 찾고 마침내 행복까지 찾는다.

이제 나에겐 갖고 싶었던 연구실 열쇠도, 아파트 열쇠도 필요하지 않다. 다만 밝고 꽃이 만발한 곳, 세상 걱정 없는 편안한 곳으로 들어갈 수 있는 영혼의 열쇠 하나 갖기를 원한다.

싸락눈 내리는 강가에서

어둠이 짙어지니 초조하다. 겨울 저녁, 여의도에서 일을 보고 집으로 가는 길이다, 지하철을 타고 싶지만 걸리는 시간이 엇비슷해 운동 삼아 빠른 걸음으로 걷는다.

강 쪽으로 내려오니 물안개가 피어오르는지 어슴푸레하다. 주변 빌딩의 불빛은 안개에 젖어 몽환적인 분위기를 자아낸다. 아무리 둘러봐도 사람이라곤 나 혼자뿐 인기척이 없다.

안개 자욱한 강, 금방이라도 눈이 쏟아질 것 같은 음산한 하늘, 표현할 수 없는 겨울 정취, 그토록 이 길을 많이 걸었지만 이런 풍경을 본 적은 드물다.

눈앞에 펼쳐지는 압도적인 장면에 매혹되어 발길을 멈춘다. 집 생각은 잊은 채 시간 가는 줄 모르고 강가에 서 있다. 갖고 있던 모든 것이 어디론가 다 사라져 간 듯하다. 무슨 소리라도 들릴 것 같은데, 다리 위를 덜커덩거리며 달리던 차들이 모두 멈춘 건지 고요함뿐이다.

영국의 국민화가 윌리엄 터너의 풍경화가 떠오른다. 그는 안개가 가득한 바다의 움직임을 캔버스에 장엄하게 표현한다. 미국 LA방문 때 게티 센터The Getty Center에서 그의 그림에 감동했던 기억이 떠오른다. 화가는 자연의 상호작용을 통해 현실적이면서 동시에 비현실적인 대기의 분위기를 창조해낸다. 나는 시시각각 강과 안개와 하늘이 빚어내는 불분명한 모호함 속에서 터너의 그림을 연상하며 꿈속에 있는 듯한 아름다움에 젖어든다.

사방이 고요하고 적막감이 밀려온다. 급했던 마음이 차분해진다. 불과 20분만 걸어가면 맞부딪칠 시끄럽고 복잡한 현실이 멀리 사라져간다. 빨리 집으로 가서 저녁식사를 준비해야 할 생각도 잊은 듯 마음의 찌꺼기와 얼룩이 조금씩 벗겨지는 듯 맑아진다.

시끄러운 세상, 소음에 부대끼고 이곳저곳 이해타산의 소리가 들리고 안 들을 말도 들으며 귀를 괴롭힌다. 조용히 나 자신에 귀 기울여볼 여유가 없다 보니 시골로 산으로 들어가 살고 싶기도 하다. 이 저녁, 짧은 시간이지만 고요를 누린다.

갑자기 찬바람이 휘몰아치더니 하늘에서 뭔가 쏟아진다. 비도 눈도 아닌 쌀가루처럼 고운 싸락눈이 순식간에 주위를 하얗게 덮는다. 나무와 가로등 위에도 쌓인다. 조용히 귀 기울인다. 싸락눈 내리는 소리가 들리는 듯하다. 확실히 들은 것 같기도 하고 소리를 느끼기만 한 것 같기도 하다.

사락사락~ 사락사락~

자연의 세미한 소리는 맑은 마음으로 귀를 기울여야만 들을 수 있다. 담양 소쇄원 대나무 숲길을 걸으며 '소쇄~소쇄~' 하는 댓잎 부딪치는 소리를 아무나 들을 수 있는 것은 아닐 테다. 나는 정말 싸락눈 내리는 소리를 들은 걸까.

귀를 기울이지 않아도, 맘이 곱지 않아도 들리는 자연의 소리는 많다. 천둥소리 · 소낙비 소리 · 풀벌레 소리 · 파도소리 · 갈댓잎 비비는 소리 · 바람소리 · 동굴 낙수 소리…. 나는 새 지저귀는 소리를 좋아한다. 숲속에 자주 갈 수 없어 조류 박사가 녹음한 테이프를 듣기도 한다.

또한 평범한 청각 능력만으론 듣지 못할 소리가 있다. 밤하늘을 가로지르며 떨어지는 별똥별 소리, 꽃이 피고 지는 소리, 허공을 춤추며 길 위에 사뿐히 내려앉는 낙엽 소리, 눈송이가 땅에서 소용돌이치는 소리….

이런 소리가 어찌 나 같은 사람의 귀에 들릴 수 있을까. 인간이 가진 모든 고차원의 감각이 최고조에 이르러야 들을 수 있음이다. 온전히 귀 기울이고 육체가 아닌 깊은 영혼으로 들어야 한다. 주일학교 다닐 때 많이 부른 노래가 생각난다. '꽃가지에 내리는 가는 빗소리/ 가만히 귀 기울이고 들어보세요/ 너희들도 이 꽃처럼 맘이 고와라'

그렇다. 귀로 듣는 소리는 자연의 선물이고, 마음으로 듣는 소리는 신의 축복이다. 마음을 맑게 씻고 곱게 다잡아야 들리는 은혜의 소리다. 그래서 러시아 작가 안톤 체호프는 '사람은 모든 것이 고와야 한다. 얼굴도, 입은 옷도, 정신도, 생각도.'라고 했다.

나는 지금 싸락눈 내리는 강가에 서 있다. 사위四圍가 고요하다. 물안개 피어오르는 소리, 싸락눈 내리는 소리가 들리는 듯하다. 귀로만 듣는다. 미국 작가 헨리 데이비드 소로의 『월든』에 "소리 너머의 소리를 듣고…"라는 구절이 떠오른다. 여전히 싸락눈이 내린다.

사락사락~사락사락~

흔들리는 까치 둥지

한강공원을 산책하다 보면 안타까운 광경을 본다. 둥지를 틀려는 까치의 몸부림이다. 새로 조성된 공원에 큰 나무가 없다 보니 까치는 궁여지책으로 가로등을 택한 것이다. 잔가지를 물고 있는 힘을 다해 올라가지만 미끄러운 유리등과 스테인리스 기둥에 걸쳐지지 않아 떨어뜨리기를 수없이 반복한다.

까치 한 마리가 가로등 위에서 내려다본다. 아래엔 다른 까치가 제 몸 길이보다 더 긴 나뭇가지를 입에 물고 위를 쳐다보며 날아오를 기세다. 온몸의 힘을 모으는지 긴 꽁지를 꼿꼿하게 세우고 한참 동안 위를 바라보더니 필사적으로 날개를 펴고 날아오른다. 하지만 집짓기 노력은 수포로 돌아간다.

가로등 밑에는 떨어진 나뭇가지가 수북이 쌓였다. 어디에서 물어다 날랐는지 굵기나 길이가 엇비슷하다. 나뭇잎, 비닐조각, 철사, 고무줄이 섞인 것을 보면 그것들을 켜켜이 넣어서 튼튼하게 둥지를 지을 속셈인 것 같다. 잔가지 몇 개가 가로등에 곡예 하듯 대롱대롱 걸려 있는 것을 보니 마음이 짠하다.

새가 둥지를 트는 장소는 다양하다. 딱따구리처럼 나무 구멍에 틀거나 바위 속이나 굴 안 또는 흙이나 풀 속에 짓기도 하지만 대부분 나무 위에 튼다. 허술하게 지으면 알과 새끼가 포식자에게 잡혀 먹힌다. 우리나라에서 희귀한 겨울철새 따오기는 접시 모양의 조잡한 둥지 때문에 알과 새끼를 잃기 십상이라고 한다. 새집의 크기도 새끼 수에 알맞아야 가족이 함께 기거할 수 있고, 어떤 새는 둥지가 없으면 짝짓기를 하지 않는다고 한다.

그러므로 까치가 둥지를 지으려는 것은 절대적 필요에 의한 본능적인 것이다. 까치 부부는 이미 짝짓기를 했기 때문에 알을 낳아야만 한다. 둥지가 없으면 풀 속이나 땅바닥에 알을 낳을 수밖에 없고, 그러면 호시탐탐 노리고 있을 천적들의 밥이 될 수 있다. 부화 기간이 짧은 새들은 알을 낳으면 빨리 둥지를 잘 만들어 새끼들을 보호해야 한다.

내가 까치 둥지를 유심히 지켜보는 것은 가슴 아픈 기억이 있어서다. 결혼하고 남의 집에 세 들어 신접살림을 차렸을 때다. 그땐 전세 계약기간이 6개월이었는데 그 기간을 다 채우지 못하고 셋방을 옮겨 다녔다. 가는 집마다 내 돈 들여 도배하고 문고리 사다 달면서 깨끗하게 꾸미려고 애썼지만 신혼부부 티가 났는지 좀도둑이 넘보기 일쑤였다.

그러다가 큰 도둑에게 왕창 당하고 말았다. 세월이 흘렀건만 그 생각을 하면 속이 여간 아픈 게 아니다. 시장에 갔다 와서 방문을 열어보니 쑥대밭처럼 난장판이었다. 도둑은 허술한 부엌문을 뚫고 들어와 책, 이불, 부엌 그릇 같은 것만 남기고 패물, 저금통장, 옷, 전자제품, 전화기 등등 몽땅 털어갔다. 모두 새 것이어서 쾌재를 불렀을 게다.

사랑이 담긴 귀한 물건들을 잃은 충격은 너무나 컸다. 남편은 유학시절 손때 묻은 타이프라이터와 전축을 잃은 것을 허탈해했다. 아까워서 한 상자에 고이 싸놓은 패물을 다 잃었다. 돈 주고도 살 수 없는 소중한 물건이었기에 상처가 컸다. 엉성한 둥지에 사는 약자를 포식자는 무참히 짓밟았다.

참으로 잔인한 포식자였다. 웨딩드레스까지 가져갔으니…. 남편과 같은 학교에 근무하던 K 교수님께서 장식물과 화관의 꽃까지 손수 만들어 준 우아한 공단 드레스였다. 나중에 딸을 낳으면 결혼할 때 입히겠다고 약속했던…. '나뭇잎 배'를 지으신 아동문학가 P 선생님의 사모님인데 우리 아이들에게 동화책도 많이 선물해 준 고마운 분들이다. K 교수님은 수십 년간 도둑맞은 웨딩드레스에 대해 모른 채 몇 년 전 세상을 뜨셨다.

그런데 도둑 사건 이후 다이아 반지보다 더 귀한 것을 잃고 말았다. 어느 날 복통이 심해 병원에 가니 의사는 아기가 유산되었다면서 근래 충격받은 일이 있느냐고 물었다. 무척이나 기다리던 첫 아이를 자책과 분노의 마음고생으로 그렇게 보내고 말았다.

사람이나 새나 살다 보면 좋은 일이 생기나 보다. 까치에게 내 집 마련 기회가 왔다. 몇 년 전부터 한강공원 녹화사업으로 가로등 사이에 심었던 나무가 올핸 제법 자랐다. 땅에 적응하느라 몸살을 앓아서 튼튼해 보이진 않지만 까치는 밑동이 가장 굵은 나뭇가지 사이에 둥지를 틀기 시작했다.

사람이나 새나 살다 보면 좋은 일이 생기나 보다. 까치에게 내 집 마련 기회가 왔다. 몇 년 전부터 한강공원 녹화사업으로 가로등 사이에 심었던 나무가 올핸 제법 자랐다. 땅에 적응하느라 몸살을 앓아서 튼튼해 보이진 않지만 까치는 밑동이 가장 굵은 나뭇가지 사이에 둥지를 틀기 시작했다.

존 니콜슨이 쓴 『동물 건축가』라는 책을 보면 동물들은 집짓기 천재라는 것이다. 평생 한 집에서 살기도 하고 깔끔하게 수리도 하고 더 큰 집으로 이사해서 대가족이 모여 살기도 한단다. 특히 산까치의 둥지는 정교한 바구니 공예품처럼 풀잎을 부리로 물어 매듭을 짠다고 한다.

지성이면 감천이라더니 마침내 공원 까치 부부의 예쁜 집이 완성됐다. 제법 크고 튼실해 보인다. 얼마나 촘촘하고 예쁘게 지었는지 모른다. 새끼들에게 모이를 날라다 주는 게 신바람 나는지 깍깍거리며 부지런히 둥지를 들락거린다. 눈물겨운 모정이요, 먹이의 수수授受다.

비바람이 불면 약한 나뭇가지가 흔들려 행여 둥지가 떨어질까 걱정된다. 까치가 놀랠까 봐 살그머니 나무 아래에서 올려다보기도 하고 사진도 찍는다. 집들이 선물을 무엇으로 할까 생각하다 미소 짓는다.

살 집을 갖고 싶어 하는 것은 물욕物慾이 아니라 세상의 모든 사랑 중에서도 가장 숭고한 가족 사랑의 거룩한 본능이다. 흔들리는 까치 둥지에서 새끼들이 빨리 성조成鳥가 되어 비상할 날이 오길 소원한다.

3장

꽃사과나무

인간의 관심에서 외면당한 꽃사과나무. 낙심천만일 심정.
하지만 나무는 태연하다. 불만 없이 의연하다.
자신의 문제를 잘 알고 회피하지 않는다. 딛고 일어선다.
꽃사과 나무가 소외감으로 어쩔줄 몰라한다면
이듬해 그토록 아름다운 꽃을 피우지 못할 것이다.

하얀 손수건

눈 내리는 오후, 전화벨 소리가 유난히 크다. 별로 연락을 하지 않고 지내던 외숙모다. 예감이 좋지 않다. 아니나 다를까 외삼촌 병환이 깊어져 나아질 희망이 없고 남은 시간도 그리 많지 않다는 떨리는 목소리가 들려온다.

전화를 끊고 허탈한 심정으로 한참 동안 그대로 앉아 있다. 어릴 적 외갓집에 갈 때마다 외삼촌과 만든 추억이 많다. 중학교 교사로서 성실하고 근검절약이 몸에 밴 집안의 기둥이었다. 기타를 좋아하고 퇴근할 땐 담장 위로 얼굴이 보일 만큼 키가 크다.

외할아버지와 외할머니는 세상을 떠나고 어머니와 외삼촌 단 둘뿐인데 헤어질 수밖에 없었다. 어머니는 미국으로 떠나고 외삼촌은 퇴임 후 작은 도시로 거처를 옮겼다. 서로 오가며 정을 나누지도 못하고 여든 나이를 훌쩍 넘겼다. 이제 마지막 정이나마 나눌 시간도 없이 영원히 헤어져야 할 때가 다가온다. 보고 싶어도 만날 수 없고, 얘기하고 싶어도 할 수 없는 시간이….

어머니가 충격 받으실까 봐 고심하다 조심스레 병세를 알렸다. 어머니는 당장이라도 달려오고 싶지만 건강이 안 좋아 꼼짝할 수 없다면서 안타까워한다. 외삼촌도 죽기 전에 꼭 한 번 누님을 만나보고 싶지만 갈 수 없으니 어떡하면 좋으냐고 하소연 한다.

다시 외숙모님의 전화가 왔다. 누님이 보고 싶지만 어쩔 도리가 없어 돈이라도 보내고 싶으니 방법을 알려달라는 것이다. 마음이 통한 걸까. 어머니도 전화를 하셨다. 날개가 있다면 날아가고 싶지만 못 가니 돈이라도 좀 보내야 덜 고통스러울 것 같다는 비장한 목소리다. 돈을 받는 대로 외삼촌에게 빨리 전하고 깨끗한 봉투에 새 돈을 넣으라고 덧붙이신다. 나는 서둘러 기차에 몸을 싣는다.

하얀 모습으로 누워있는 외삼촌은 중환자로 보이지 않을 정도로 깨끗하다. 큰 학을 연상하는 순간 외삼촌은 반가움과 체념이 섞인 표정으로 내 손을 잡는다. 젊은 시절의 모습이 떠오른다. 벽장 안에 세워 둔 기타 줄을 마구 퉁겨댄다고 야단칠 때 무서워서 도망갔다고 하자 엷은 미소가 입가에 번진다.

나는 가방에서 흰 봉투를 꺼내 어머니가 보낸 것이라면서 외삼촌 손에 올려놓는다. 그는 아무 말 없이 봉투를 바라보며 생각에 잠기더니 침대 옆 탁자 서랍에서 똑같은 흰 봉투를 꺼낸다. 달리 마음을 표시할 길

없어 돈 조금 넣었으니 어머니에게 보내라면서 나를 쳐다본다. 눈빛이 하도 애처로워 떨리는 손으로 봉투를 받는다.

경건한 의식을 치르듯 두 개의 흰 봉투를 주고받는다. 하고 싶은 마지막 한 마디, 사무치는 그리움, 영원한 이별의 슬픔이 두 봉투에서 진하게 배어 나온다. 때마침 어머니에게서 전화가 걸려온다. 외삼촌은 바다 멀리 떨어져 있는 누님과 있는 힘을 다해 말한다. 그는 격정적 어조로 "누님도 살기 어려운데 돈은 왜 보냈어요. 누님 고생할 때 돈 한 푼 도와드리지 못해 가슴이 미어지는데…. 누님, 내가 먼저 가서 미안해요. 동생 노릇도 제대로 못하고… 부디 건강하셔야…."라고 말을 잇지 못한다. 끝내 눈가에 이슬이 맺히더니 주르르 흘러내린다.

외삼촌은 봉투를 가슴에 얹고 두 손으로 누르듯 감싼다. 사랑하는 사람의 체온이라도 느끼는 듯 만지작거린다. 봉투는 보고 싶은 누님 얼굴이며, 몇몇 날을 다해도 못다 할 정다운 이야기다. 둘이서 어린 시절 함께 놀았던 추억의 조각보다. 맺혔던 아쉬움이 조금은 사라진 것일까. 가슴에 묻어둔 말을 털어놓은 시원함일까. 좀 편안해졌는지 아니면 기진했는지 스르르 잠이 든다. 두 뺨이 불그스레해진다.

누구나 돈을 좋아한다. 돈 벌기 위해 사는 것 같고, 돈이 많이 있으면 하고 바라고, 조금만 돈을 나누면 행복해할 사람도 많고, 오히려 돈이 많아 천박해지기도 한다. 이 두 개의 봉투는 향기로운 두 송이 백합꽃이요, 끈끈한 사랑의 매개물이 아닐 수 없다.

어머니와 외삼촌. 두 노인의 흰 봉투는 어느새 눈보다 더 새하얀 손수건이 되었다. 오누이의 뜨거운 눈물이 녹아든 슬픈 손수건이지만 하늘나라에서 다시 만날 약속의 손수건이다.

시계를 본다. 서울로 올라올 차표를 미리 끊었던 터라 서둘러야 한다. 다시 또 뵐 수 없을 것 같다. 그를 껴안는다. 평생 처음 외삼촌의 큰 몸을 안아본다. 비록 누님은 아니지만 그를 아끼는 남은 자의 마음이 전달되어 위안이 되기를 바라면서 마지막 포옹을 한다.

고별의 시간, 서둘러 나설 채비를 한다. 외삼촌의 눈가가 촉촉해진다. 내 시야도 점점 흐려져 아무것도 보이지 않는다. 다만 어머니와 외삼촌이 흔드는 두 개의 하얀 손수건만이 어른거린다. 이윽고 그 손수건은 수많은 흰나비가 되어 병실 안 가득히 날고 있다.

호박 예찬

더위 탓인지 입맛이 없다. 연한 호박잎을 쪄서 맛있는 쌈장을 얹어 먹고 싶어 시장에 가니 싱싱한 호박잎과 호박이 그득하다. 어릴 적 할머니와 어머니가 생각난다.

호박胡朴의 원산지는 중남미로 우리나라에 전해진 것은 임진왜란 후 선조 때라 한다. 윤덕노 음식문화평론가는 "우리나라에서 호박을 먹은 역사를 보면 18세기 초반까지만 해도 전국적으로 고르게 재배하지는 않았던 것으로 보인다."라고 한다. 초창기에 양반은 호박을 거들떠보지도 않고 가난한 사람이 먹던 채소인데 점점 좋아하게 되어 지금은 없어서는 안 될 만큼 위상이 달라졌다고 한다.

어릴 때 호박은 장난감이기도 했다. 황금빛으로 빛나는 꽃 속을 들여다보기도 하고 꽃술과 대궁만 남기고 꽃잎을 다 떼어내 촛불 모양이 되면 소꿉장난 하는 방에 걸어놓고 불이 켜진 듯 손뼉 치며 놀던 기억이 생생하다.

학교에 들어간 뒤엔 초가집과 호박넝쿨이 어우러진 시골 풍경 그림을 많이 그렸다. 변두리 지역으로 나가면 호박이 지천이다. 수채화 붓으로 초록색 물감을 찍고 물을 넉넉히 배이게 해 도화지에 꾹꾹 누르면 큼직하고 탐스러운 호박잎이 그려진다. 자연스레 음영이 생기고 한가운데 노란 꽃을 찍으면 풍성한 호박꽃 그림이 된다.

그래선지 호박의 시원스레 큰 잎과 꽃을 보면 힘이 솟는다. 한 번 뿌리를 내리면 무서울 정도로 줄기를 뻗고, 넝쿨 마디에서 중간 뿌리를 내려 영양분을 빨아들이고 거기에서 또 다른 열매를 맺는다. 왕성한 생명력으로 끝없이 뻗어나간다.

호박은 신세타령을 하거나 토라지는 법이 없다. 속이 있는 듯 없는 듯 그저 생명의 욕구를 피워 올린다. 염치없이 이 나무 저 울타리에 기어오른다. 호박만큼 잎과 열매가 큰 것도 흔치 않건만 뽐내거나 꾸밀 줄 모르고 주어진 대로 고생을 참으면서 산다.

하지만 땅이 비옥한지 척박한지는 알아차린다. 아무렇게나 내버려둬도 잘 자라는 건 아니다. 충분한 거름을 줘야 풍성해진다. 알 것은 다 알면서 성깔 없고 맘씨 너그러운 이웃 아주머니 같고 시어머니 호령을 견디면서 살림꾼이 돼가는 옛 며느리들 모습 같다.

그뿐이랴. 호박은 보기만 해도 배가 부른 듯 넉넉해진다. 할머니는 찬거리가 마땅치 않을 땐 발목까지 올라오는 넝쿨을 제치고 먹을 만큼 자란 호박이 있는지 텃밭 주위를 살폈다. 그러고는 금방이라도 초록 물감이 묻을 것 같은 호박 서너 개를 따 안고 오셨다. 할머니의 하얀 모시 적삼과 초록색 호박의 절묘한 조화를 잊을 수 없다.

마음이 넓은 사람을 호박에 비유해도 좋을 것이다. 기껏해야 밭 가운데가 아닌 둘레, 울타리, 두엄자리 주위에 심지만 다른 채소와 잘 어울린다. 그 붙임성이 딴 음식 재료와 어울리면서 맛을 내는 비결인지도 모른다.

호박으로 만든 음식은 생각만 해도 군침이 돈다. 새우젓으로 간을 맞춘 투명한 호박 나물은 따끈한 쌀밥에 그만이고, 호박고지 나물은 보름날 찰밥과 먹으면 더 맛이 난다. 떡, 전, 죽, 쌈, 엿이나 범벅 등 손가락으로 꼽기 어려울 정도다. 듣기만 해도 입맛이 나고 아무리 먹어도 물리지 않고 다양한 먹을거리를 주는 채소도 드물지 싶다.

나는 호박을 넣은 된장찌개를 좋아한다. 바지락을 넣고 끓인 된장찌개는 감칠맛 난다. 호박이 없으면 된장찌개를 포기하든지 식품점에 가서 사 오든지 둘 중 하나다. 호박은 귀하게 대우받는 채소는 아니지만 냉장고 채소 칸에 없어서는 안 될 꼭 필요한 존재다.

가을에 호박은 더 품위 있게 변신한다. 밭이나 담장에 가부좌跏趺坐를 틀고 당당히 앉아 있다. 살 속 깊이 가을볕 안고서 안정감 있고 의젓한 자태를 뽐내는 모양은 오랜 세월 부침浮沈이 많은 생을 겪어낸 중년 여인 같아서 호기심을 불러일으키기에 충분하다. 농익어 깊어진 담황색 견고한 껍질은 어느 정도 권위마저 느끼게 한다.

이윽고 가을걷이가 시작된다. 메말라 시든 호박넝쿨을 깨끗이 걷어치운 담장 옆을 걷다 보면 알 수 없는 서글픈 감정이 솟는다. 그 허전함은 다른 작물을 치운 때와는 다르다. 여기저기 가을꽃이 피어나도 호박이 없으면 쓸쓸하다. 청초한 들꽃도, 꽃밭에 정성스레 심는 화초도 아닌데….

속마음을 털어놓고 얘기하며 의지하던 사람이 멀리 떠난 것처럼 빈자리가 휑하다. 세월 따라 주위 어르신이 한 분 두 분 자취를 감출 때 느끼는 공허함이랄까, 의연하게 그 자리에 버티고 있어야 할 분들이 소리 없이 사라져 가 다시는 만날 수 없는 그런 아쉬움이다.

우리네 할머니와 어머니는 둥글둥글한 호박을 닮았다. 아집이나 편견도 갖고 있지 않고 서로 감싸 안는 넉넉한 마음으로 울타리 너머 음식 접시 주고받으며 모나지 않게 살았다. 배움은 부족하지만 자식에겐 "그렇게 살면 못 쓰느니라." 하시며 회초리를 들었다. 가정의 축軸이 되어 꿋꿋이 지켰다. 손과 발이 닳도록 맡겨진 일을 감당했다. 결코 쓰러지지 않을 거목처럼.

호박을 볼 때마다 숱한 질곡의 세월 속에서 자식을 키운 그분들이 떠올라 가슴 뭉클하다. 정신적인 당당함을 잃지 않고 인내와 끈기로 대가족을 먹여 살리던 묵직하게 버티고 앉아 있던 존재가 아닌가.

어머니가 끓여준 호박을 듬뿍 넣은 된장찌개가 먹고 싶다. 바지락 같은 것 넣지 않아도 맛있었다. 냉면, 만두, 녹두빈대떡이 이북 실향민의 '소울 푸드soul food'이듯이 호박을 내가 먹고 싶고 그리워하는 '소울 채소'라 부르면 좀 과한 것일까.

순수의 땅, 프로방스

여름밤이면 알퐁스 도데의 단편 「별」이 생각난다. 도데는 프로방스에서 태어나 그곳을 배경으로 한 서정적인 작품을 많이 남겼다. 그의 소설을 읽으면 마음이 맑아져 프로방스에 한번 가보고 싶은 충동이 인다.

우연히 영국 작가 피터 메일이 쓴 『프로방스에서의 1년』이란 수필집을 읽었다. 프로방스를 여행하다 매료되어 아예 이주해 3년 간 살면서 쓴 글이다. 그는 단 하루도 후회해 본 적이 없고 낮은 낮대로 밤은 밤대로 좋은 날씨와 경치, 때 묻지 않은 사람들의 순수함에 이끌렸다고 쓴다. 실제로 이곳을 여행한 뒤 그대로 눌러앉은 예술가와 작가가 여럿 있다.

낭만파 시인 네르발도 프로방스를 여행하며 "저는 아비뇽을 보았고 보클뤼즈 지방을 보았지요. 모든 것이 경탄을 자아내요. 이 아름다운 고장을 보지 못하고 죽는다면 얼마나 아쉬워할지 모르겠어요."라는 편지를 아버지에게 보낸다.

프로방스는 지중해 연안에 닿아있고, 알프스 산맥이 이어지는 여러 도시가 어우러진 프랑스 지방 중 하나다. 끝없이 펼쳐진 푸른 포도밭과 올리브 숲이 론강과 어울려 풍광이 아름답다. 햇빛 쏟아지고 땅을 촉촉이 적시는 빗물은 채소와 과일을 풍성하게 하고 사철 꽃을 피워 우울증 환자가 치유된다고 한다.

연 쾌청 일수가 300일이 넘는다니 가끔씩 무섭게 불어대는 바람 미스트랄mistral • 만 없다면 그야말로 부러울 게 없는 자연환경이다. 방풍림으로 밭이나 과수원 주위에 심은 실편백 나무가 이 지방 특유의 풍경을 만들어 한때 이곳에 살았던 빈센트 반 고흐는 이 나무를 자주 화폭에 담았다.

여름날 해질 무렵, 파리에서 꿈에 그리던 프로방스행 버스를 탔다. 얼마쯤 달렸을까 운전기사는 승객을 차에서 내리게 하더니 2층 침대버스로 바꿔놓았다. 차창으로 달빛이 비쳤다. 우리 부부는 좁은 대로 누울 수 있었지만 일행인 K 교수님 부부는 맨 뒷자리에서 밤새도록 제대로 눕지 못하고 소음에 시달려야 했다. 가끔 만나 고생한 얘기를 하며 추억을 나눈다.

12시간 달린 버스가 항구 도시 마르세유에 도착하니 아침 햇살이 눈부셨다. 비릿한 냄새나는 쪽으로 걸어가니 푸른 지중해가 한눈에 들어오는 부두에 이르렀다. 언덕 위에 우뚝 선 로마 비잔틴 건축 양식의 노트

• 눈 덮인 고산에서 불어오는 차고 건조한 북풍.

르담 성당은 다가갈수록 압도적이었다. 성당 안에는 어부들의 무사 귀환을 위한 기도의 상징물로 큰 배의 모형과 그림이 걸려있고 돌아오지 않은 어부들의 이름이 새겨져 있었다.

꼭 맛봐야 한다는 '부이아베스' 생선 요리는 강한 향신료 때문에 반도 먹지 못하고 채색 인형 상통작은 성자라는 뜻 가게로 향했다. 성모, 아기 예수, 목자 같은 성경 속 인물과 가축이나 농부를 찰흙으로 빚어 채색한 것으로 따뜻함이 배어 나온다. 가격이 만만치 않아 예수 탄생을 섬세하게 만든 작은 상통 하나를 샀다.

액상 프로방스로 발길을 돌렸다. 시가지에 샘과 분수가 100개가 넘는다니 아름다운 도시다. 미라보 거리에 늘어선 우람한 가로수가 눈길을 사로잡았다. 전통시장을 구경하는 것도 좋지만 나의 관심은 거대한 삼각 모양의 흰 산, 쌩뜨 빅투아르 산에 있었다. 산에 오르지 못하고 멀리서만 바라본 것이 못내 아쉽다.

이 산은 석회암이 뿜어대는 광채와 대리석 덩어리의 위용을 보인다. 태양의 위치에 따라 시시각각 입체적인 명암을 달리한다. 이곳 태생인 화가 폴 세잔은 한평생 강렬하게 끌어당기는 이 산을 보며 영감을 받아 빛에 따라 변하는 산을 80여 점이나 그린다. 달밤이면 형용할 수 없는 미의 극치를 이루는 이 산을 보며 비로소 세잔의 미학을 실감한다고 한다.

교황청 궁전이 있는 고도古都 아비뇽은 생 베네제 다리가 유명하다. 이 다리는 12세기 900m 길이로 세웠지만 론강의 범람으로 지금은 4개의 기둥만 남아 있다. 강 유역의 비옥한 땅에서 생산되는 풍부한 먹을거리로 백성은 이 다리에서 춤을 추는 행복한 태평성대를 누린다. "아비뇽 다리 위에 우리 모여 춤을 춘다."라는 민요를 부르면서…. 아직도 보수하지 않은 끊어진 다리 끝에서 강 너머 숲을 바라보니 마음이 편안하다. 세계 연극축제가 열리는 곳이라 관광객이 북적이는데 우리나라 팸플릿이 골목길 벽에 붙어있어 반가웠다.

기원전 1세기 로마 식민지였던 아를에는 유적이 많다. 원형 투기장은 로마의 콜로세움을 연상케 했다. 광장에 고흐가 고갱과 함께 살았던 노란 집도 보였다. 프로방스에는 유난히 인상파 화가가 모여들었다. 그들은 투명한 공기와 따스한 햇볕, 더욱이 다양한 색채로 어우러진 목가적 풍경과 순수한 사람들에게 매혹됐을 것이다.

석회암 바위산을 파서 만든 마을 레보를 찾아갔다. 아기자기한 하얀 돌집과 골목길은 동화 속 같고 산 아래엔 올리브 밭이 끝없이 펼쳐졌다. 벼룩시장을 구경하다 키가 30cm 정도 되는 소년상象이 눈에 띄었다. 「별」의 주인공 목동이 떠올라 단박에 사서 품에 안았다. 빅투아르 산 돌로 만들었는지 묵직했다. 곱슬머리와 순진한 얼굴을 챙 넓은 모자가 살짝 가린다. 목도리를 두르고 무릎까지 올라오는 장화를 신고 두 손을 호주머니에 넣은 채 미소를 띠고 서 있는 모습이 귀엽다.

교과서에 실렸던 「별」 이야기는 잊혀지지 않는다. 산에서만 사는 양치기 소년에게 먹을 것을 갖다 주려고 주인 딸 스테파네트가 산에 올라온다. 갑자기 내린 소나기로 물이 불어나 집에 돌아갈 수 없자 소녀는 우리 안에서 양과 함께 잠을 잘 수밖에 없다. 목동은 아름다운 소녀에게 깨끗한 잠자리를 마련해주고, 양 우리 문 앞에 앉아 "내 피 속에 사랑의 불길이 타오른다 해도 불순한 마음은 전혀 일어나지 않았다. 아가씨가 양 우리 한 구석에서 나의 보호로 마음 편히 잘 자고 있다는 대단한 자랑만 있을 뿐"이라고 스스로 다짐한다.

천진무구. 별처럼 승화되는 절제와 시정 넘치는 프로방스 자연을 닮은 마음이 느껴진다. 노란 밀밭, 익어가는 과일, 맑은 공기, 보라색 라벤더 향기…. 욕심은 어울리지 않는 순수의 땅, 프로방스다.

서울의 여름밤. 창밖엔 보름달이 떴다. 프로방스 목동이 책상에서 나를 빤히 쳐다본다. 밤낮 홀로 서 있는 게 안쓰러워 오늘은 레이스 달린 모자를 쓴 스테파네트 아가씨를 목동 옆에 살짝 갖다 놓는다.

아, 푸른 영혼의 노래여

서늘한 바람이 뺨을 스친다. 하늘이 깊은 바다처럼 푸르다. 가을 하늘을 바라보고 있으니 강의실에서의 추억이 떠오른다. 그립다. 푸르른 보리밭처럼 일렁이던 그들이.

6월 어느 날 강의시간. 여름방학을 앞두고 막바지 힘을 쏟던 중, 갑자기 창밖이 어두워지더니 세찬 바람이 일며 폭우가 쏟아지기 시작한다. 강의실 안은 칠판 글씨가 보이지 않을 만큼 어두워지고 시원한 바람이 창문을 통해 불어온다.

한 학생이 "우리, 노래 불러요."라고 말하니 모두가 그러자는 눈치다. 난감한 순간이지만 목소리를 크게 한들 잘 들리지 않는데다 이들과 곧 헤어질 거라는 생각에 내 감정도 느슨해진다. 옆 교실에 방해되지 않게 목소리를 낮춰 부르자고 하니 누군가 '바위섬'을 제안한다.

파도가 부서지는 바위섬 인적 없던 이곳에
세상 사람들 하나 둘 모여들더니
어느 밤 폭풍우에 휘말려 모두 사라지고
남은 것은 바위섬과 흰 파도라네.
바위섬 너는 내가 미워도
나는 너를 너무 사랑해
…

남녀 젊은이의 조용한 화음이 귓가에 울린다. 순수함이 묻어나 그지없이 맑고 아름답다. 아직 삶의 깊은 시련과 번민을 모르는 잔잔하면서 청아한 목소리, 하지만 흐느끼고 싶고 폭포처럼 외치고 싶고 열정으로 온몸을 내던지고 싶은 뜨거운 노래다. 창밖엔 여전히 폭우가 쏟아진다.

아, 진정 푸른 영혼의 노래구나. 가슴이 뭉클해진다. 같이 노래를 부르며 속으로 빈다. 인생길을 걸어가는 동안 지금처럼 빛이 가려진 어둠 속에서도 끝까지 삶을 사랑하라고…. 갈매기마저 떠나 아무도 없는 쓸쓸한 바닷가에 서 있다 할지라도 끝까지 남아있는 바위섬과 흰 파도처럼 꿋꿋하게 살라고…. 변하지 않는 푸른 영혼을 간직한다면 그리 살지 않으랴.

영국 시인 윌리엄 워즈워스의 「수선화」를 공부하는 시간. 여동생 도로시의 보살핌을 받으며 외롭게 살아가는 시인은 자연의 생명체를 심안心眼으로 바라보며 시를 쓰고 외로움을 치유한다. 어쭙잖은 생각이지만 내 마음의 눈도 조금은 열리는 징조일까. '심안'을 말할 땐 눈물이 난다.

마치 성경을 읽을 때 은혜받는 것처럼.

워즈워스의 시에 심취했는지 강의하는 내 목소리가 떨린 것 같다. 어색한 순간 바로 그때, 맨 뒷자리에 앉았던 키 큰 찬이가 자리에서 일어나더니 교탁을 향해 뚜벅뚜벅 걸어온다. 학생들과 나는 의아한 시선으로 그를 바라본다. 그는 바지 뒷주머니에서 손수건을 꺼내 교탁 위에 놓고는 멋쩍은 듯 씨익 웃더니 자리로 돌아가는 게 아닌가. 갑자기 교실 안은 와! 하는 소리로 가득하다. 푸른 영혼의 젊은이, 찬이.

미국 시인 로버트 프로스트의 「가지 않은 길」을 공부하는 시간. 서정적이면서 인생의 문제를 암시하는 뜻깊은 시로 널리 알려져 있다. 삶 가운데 선택의 문제가 중요할 뿐만 아니라 다분히 주관적이라는 것을 나타내기도 한다.

수업이 끝나자 한 학생이 다가와 조용히 이야기한다. 그는 당시 어느 교회의 전도사 역할을 할 만큼 신앙심이 있지만 과연 목회자의 길을 가야 할 것인가를 고민하던 터다. 사람이 많이 가지 않는 좁은 길, 하나님께 대한 절대적 순종의 길을 선택하기가 망설여진다는 것이다. 그는 지금 어떤 길을 걷고 있을까.

모두 그립다. 살면서 힘들 때가 있을지라도 위안을 얻고 다시 회복할 수 있음은 그때 그들이 불렀던 노래가 들려오기 때문이다. 가을 하늘이 깊고 푸르다. 아, 푸른 영혼의 노래가 귓전에 들린다.

남녀 젊은이의 조용한 화음이 귓가에 울린다. 아직 삶의 깊은 시련과 번민을 모르는 잔잔하면서 청아한 목소리, 하지만 흐느끼고 싶고 폭포처럼 외치고 싶고 열정으로 온몸을 내던지고 싶은 뜨거운 노래다.

아, 진정 푸른 영혼의 노래여.

지금 이 순간

올 한 해가 간다. 흐르는 세월을 그냥 보낼 수밖에 없어 심정이 착잡하다. 이런저런 기억이 바로 엊그제 일 같은데 시간은 나를 이만큼 먼 곳으로 데려왔다.

영국 시인 앤드루 마블의 「수줍은 연인에게」 중 "나의 등 뒤에서 시간의 날개 달린 전차가 급히 달려오는 소리를 듣는다."라는 구절이 떠오른다. 고속열차에 날개가 달린 듯 나이 들수록 체감 속도는 빠르게 느껴진다. 인정사정없이 달리니 잔인하기까지 하다.

한 번 가면 다시 돌아오지 않는 시간을 붙들 순 없다. 내게 주어진 시간은 지금 이 순간인 한 개의 점, 한 번의 파장波長일뿐이다. 그 점들이 모여 오늘을 이룬다. 하여 오늘 하루를 사는 모습에서 그 인생을 예측할 수 있으리라. '부분은 전체를 담고 전체는 부분을 담는다.'라는 말이 있듯이…. '시간을 잘 이용할 줄 안다면 일생이 길어진다.'라는 세네카의 말이 조금은 위안이 된다.

신의 선물인 시간. 누구나 빈부귀천 없이 지갑 속에 하루 '24시간짜리' 돈을 갖고 있다. 이 돈을 잘 쓰고 잘못 쓰는 것은 오로지 나 자신에게 달렸다. 시간을 잘못 썼다고 탓하는 사람도 없으니 지금 잘 살고 있는지 스스로 감독하며 성찰해야 할 것이다.

나는 늘 시간이 모자란다고 불평한다. 할 일은 많은데 시간이 충분하지 않다면서 허둥대고 매사에 시간 탓을 한다. 뭔가 그럴싸한 욕구를 충족시키느라 시간이 부족한 것이 아니라 그저 소소한 일이 힘에 부친다며 핑계대고 주위 환경이 시간을 뺏어가기라도 하듯 변명하기 일쑤다. 이런 사람은 심리적 분석을 해 볼 필요가 있다는 심리학자의 책을 읽은 적이 있다.

예를 들어 24,000원을 갖고 있다고 하자. 여유를 갖고 만족하게 쓰는 사람이 있는가 하면 부족하다고 느끼는 사람이 있다. 돈을 절약해서 잘 쓰는 것, 즉 시간을 밀도 있게 잘 쓰는 것과 그렇지 않은 것과는 심리적인 차이가 있다. 그러니 나에게 하루 25시간이 주어진들 쫓기는 것은 마찬가지일 것이다. 시간은 날 잡아라 달려가는데 느릿한 습관이 고민거리다.

그럼에도 해야 할 계획표를 연간 · 월간 · 주간으로 세운다. 실행하지 못할망정 달력에 계획을 적어 놓으면 내일을 다시 붙잡는 희망을 갖는다. 현대인들은 대부분 일정을 머리에 입력하고 바쁘게 산다.

'일년 유일 년지 여력, 일월 유일 월지 여력, 일일 유일 일지 여력一年有一年之餘力 一月有一月之餘力 一日有一日之餘力'이란 글귀가 있다. 한 해에는 한 해의 여력이, 한 달에는 한 달의 여력이, 하루에는 하루의 여력이 있다는 뜻이다. 조선 말기 의병장이던 송사 기우만 선생이 집안일로 시간 여유가 없다는 친구 아들에게 격려차 써 준 글이라 한다. 전광처럼 마음에 꽂힌다.

효과적으로 시간 관리를 할 수 있도록 시時 테크를 하고 싶다. 우선 '아침형'으로 바꿔야겠다. 일찍 자고 일찍 일어나는 것이 생체시계가 원하는 것인 줄 알면서도 언제부턴가 야행성이 되었다. 프랑스 작가 조르주 상드는 매일 밤 원고를 쓰면서 "밤이야말로 혼자 사색할 수 있는 시간"이라며 어둠을 즐겼다고 하는데 글도 제대로 쓰지 못하면서 늦은 잠을 청한다.

우리 부부는 종달새와 올빼미가 같이 사는 격이다. 남편 종달새가 훨씬 부지런해서 시간 여유가 있고 알찬 하루를 보낸다. 우리 몸의 세포는 밤 10시부터 새벽 2시까지 생성되고 뇌의 멜라토닌 분비도 풍부해져서 몸과 마음의 균형이 유지된다고 한다. 새벽 맑은 정신으로 기도하면 영성이 깊어지고 좋은 글도 쓸 수 있을 텐데….

TV 시청도 줄여야 한다. 보고 싶은 프로그램을 시청하고 나서도 계속 보는 게 습관이 되어 문제다. 아예 안 볼 순 없고 시간을 줄일 수밖에 없다. 한 번에 두 가지 일을 해서라도 남은 시간을 잘 활용하며 무의미하게 보내지 않기를 바란다. '네가 헛되이 보내는 오늘은 어제 죽어간 이가 그토록 바라던 내일이다.'라는 말을 기억하면서.

초침이 있는 시계를 바라본다. 쉼 없이 뱅뱅 돌아가는 시곗바늘을 바라보니 숨이 막힐 것처럼 두려움과 초조함이 밀려온다. 당당하게 걸어가는 그 무서운 전진을 그 누구도 막을 수 없다. 영원히 돌아오지 않을 1초, 2초, 3초… 순간순간 소멸되어가는 시간이 빨리 달리지 않도록 꼭 붙잡고 내가 힘 있게 달려봤으면 싶다.

한 해의 끄트머리 시간, 이 순간 살아 있음에 감사한다. 하지만 언젠가는 저녁 황혼이 드리우는 보랏빛 시간이 오겠지. 죽음도 시간과의 작별이니까. 잠시 등 뒤에서 달려오던 날개 달린 고속열차가 머무는 듯하다. 두 어깨 날개를 접고 조용히 몇 마디 읊조려 본다.

우리
못다 한 이야기 지금해요
다음 순간은
우리의 것이 아니니까요

우리
자작나무 숲속 지금 걸어요
해가 지면
바삐 돌아서야 하니까요

우리
마음의 응어리 지금 풀어요
내일은 간절한 소망일 뿐
우리의 날이 아니니까요

우리

자작나무 숲속 지금 걸어요

해가 지면

바삐 돌아서야 하니까요

꽃길을 걸으며

사월, 벚꽃터널을 이룬 국회의사당 주변 윤중로는 나들이객으로 북적인다. 이곳 가까이 살고 있어 해마다 벚꽃축제에 가는 것만으로 봄을 느낀다. 올해도 차일피일 미루다 같이 갈 만한 사람은 이미 다녀온 터라 혼자 집을 나선다. 서쪽 하늘이 붉게 물들고 나니 어둠이 밀려온다.

축제에 혼자 가는 게 어색하다. 사람이 많이 모이는 떠들썩한 곳에 잘 가지 않는 나로서는 더 그렇다. 하지만 일 년에 딱 한 번 불꽃처럼 잠깐 피었다 지고 마는 꽃구경을 놓치고 싶진 않다. 빠른 계절 따라 벚꽃축제도 어느 결에 끝나버려 벚꽃이 피고 지는 것이 나에겐 하나의 즐거움이자 서글픔이다.

꽃바람이 살랑살랑 분다. 갑자기 꽃잎이 눈보라처럼 흩날리자 '와~' 하고 사방에서 환성이 터진다. 살포시 머리와 어깨에 내려앉으니 꿈길을 거니는 것 같다. 울긋불긋한 조명등이 벚꽃과는 어울리지 않지만 분위기를 북돋운다.

차 없는 길을 느긋한 기분으로 거니는 사람들은 하나같이 만면에 희색을 띠고 있다. 어깨를 감싸 안고 사진 찍기 바쁜 연인, 미소 지으며 손을 꼭 잡고 걷는 부부, 이리저리 뛰어다니며 즐거워하는 아이들, 유모차를 끌고 나온 부부, 인라인 스케이트를 타고 무리 사이를 누비는 젊은이, 초상화 그리기에 몰두하는 화가, 머리에 꽃송이를 꽂은 소녀들…. 모두 꽃보다 더 맑고 상큼하다.

벚꽃으로 하나 된 무리 속에서 나는 멋쩍다. 아름다운 밤을 누군가와 함께 나누고 싶다. 감정이 여간 무디지 않고서야 침묵하기가 어렵다. 그렇다고 길 가는 사람 아무나 붙들고 '아! 세상에 꽃이 없다면 얼마나 삭막할까요.'라고 말할 순 없다.

감정이 고양될 때 이를 같이 나눌 지기가 있다는 것은 사는 즐거움 중 하나다. '지금 정말 행복해'라거나 '외롭고 서글퍼'라고 솔직하게 속마음을 나눌 수 있는 친구가 필요하다. 소통하며 자연스러운 인간관계를 엮어나가는 것, 솔직한 감정을 표현하는 것은 삶의 작은 탈출구이자 위안이며 여유다.

봄이지만 밤바람은 싸늘하다. 호주머니에 손을 넣고 천천히 걷는다. 한 청년이 담 위에 올라가 기타를 치며 원맨쇼를 하는데 모두 박장대소한다. 둥글게 모인 무리 속에 끼어 같이 웃지만 내 웃음이 그들과 합해지지 않고 밤하늘로 날아가 버리는 것 같다. 서둘러 그곳을 빠져나온다.

흐느적거리는 갈대처럼 내 모습이 초라하다. 낯익은 풍경이 낯설고 나와는 아무 관계가 없는 듯하다. 나에게도 그런 날이 있었던가. 세상 근심 염려는 내 알 바 아니고, 즐거움으로 넘치던 시절이…. 시간은 나에게서 생생한 기운을 앗아가고 초라함만을 갖다 주는 건가. 진짜 인생은 저 젊은이인가 아니면 지금의 나인가.

누군가 옆에 있다면 이런 수다를 피울 게다. '다 행복한 밤, 난 서글프네. 인라인 스케이트를 탈 수도 없고 초상화를 그려달라며 주름지고 잡티 섞인 얼굴로 앉아 있을 수도 없는 노릇이지. 웃기는 말에도 그리 쉽게 웃음이 나오지 않는 건 왜일까? 큰 소리로 웃어야 건강에 좋다는데 감정이 무뎌지는지 만사가 시들해지는지. 다 지나갔나 봐.'라고.

살아간다는 것은 인생의 흐름에 익숙해지는 것이다. 나이 들어 외롭고 서글퍼지는 것 또한 그 유동성의 하나다. 어쩔 수 없는 흐름을 이해하면서 고개를 끄덕이는 것. 그것이 인생길이라고. 이렇듯 황홀한 꽃길을 걸을 수 있는 것만으로도 감사하지 않은가.

꽃비가 내린다. 어느새 발길은 서강대교 남단부터 타원형으로 돌아 파천교에 닿는다. 지상에 이토록 아름다운 꽃길이 또 있을까. 눈을 들어 활짝 웃고 있는 벚꽃에게 속삭인다. 4월이 오면 잊지 않고 찾아오겠다고. 비록 해마다 벚꽃이 피고 지면서 나의 서글픔이 더해진다 할지라도….

살아간다는 것은 인생의 흐름에 익숙해지는 것이다. 나이 들어 외롭고 서글퍼지는 것 또한 그 유동성의 하나다. 그것이 인생길이라고. 이렇듯 황홀한 꽃길을 걸을 수 있는 것만으로도 감사하지 않은가.

어느 소년의 매형

을씨년스러운 저녁, 눈이 내린다. 으스스한 한기가 온몸에 스며들고 온돌방 아랫목 따뜻한 이불속이 그리워진다. 저녁 8시, 대전역 대합실에서 서울행 기차표를 산 뒤 출발 시간을 기다린다.

옆자리에 한 소년과 누나, 엄마로 보이는 세 사람이 앉아 얘기를 나눈다.

"누나! 매형이 보고 싶은데 언제쯤 또 오시려나?"

"지난 주일에 왔으니까 다음 주에 오시겠지."

누나는 소년의 손을 다정스레 잡으며 대꾸한다. 엄마는 몸이 아픈 듯 창백한 얼굴에 아무 말이 없다.

자연스레 그들의 대화를 듣는다. 추측컨대 대전에 엄마와 소년 단 둘이 살고, 누나는 기차로 1시간 거리의 소도시에 사는 것 같다. 친정에 들러 집안 정리를 하고 반찬거리도 대충 만들어 놓은 뒤 돌아가는 누나를 소년은 엄마와 함께 배웅하러 나온 것 같다.

엄마가 화장실에 가느라 자리를 뜨자 소년은 밝은 표정으로 누나에게 말한다. 엄마 보살피기가 힘들고 생활비도 빠듯했는데 마침 매형이 와서 도와줘 좋았단다. 또 매형이 웃풍이 심한 방 창문에 비닐을 씌워 방안이 훈훈해져서 엄마가 좋아하시고, 학원비까지 주며 열심히 공부하라고 해서 등록했다면서 진지한 모습이다. 누나는 말없이 미소 띤 눈으로 동생을 바라보며 손을 잡고 흔들더니 해놓은 반찬 잘 챙겨 먹으라고 당부한다.

소년은 정겨운 어조로 매형에 대한 얘기를 이어간다. 내 귀에 '매형'이란 단어가 꽂히며 맴돈다. 소년의 매형은 어떤 사람일까. 그는 찬바람 들어오는 창문을 막아주고 이런저런 처가의 생활을 도울 뿐 아니라 어린 처남을 격려하며 돕는다. 자신은 한 달에 두 번 정도 찾아오고 자주 아내를 보내 살림을 보살피게 하는 듯싶다. 가슴이 따뜻한 남자다.

사실, 손윗누이의 남편인 매형은 대하기 어려운 사이다. 때로는 형처럼 가깝고 아버지처럼 든든한 면도 있지만, 친밀감과 이질성이 복합된 관계이기도 하다. 더구나 처가에 대한 배려는 의무 사항이 아니다. 대부분 아내는 남편이 처갓집에 관심을 보이면 고맙지만, 무관심해도 속으로는 서운한 감이 있을지언정 겉으로 드러내진 않는다.

소년의 매형은 추운 겨울 아랫목 이불처럼 따뜻한 맘씨를 가진 사람일 것이다. 가정 형편이 여의치 않은 데다 아픈 엄마와 챙겨야 할 남동생이 있는 아내의 무거운 마음을 알고, 그 짐을 함께 진다. 아내의 부족함을 채워주며 약자를 위해 행동으로 사랑을 보이는 넉넉한 사람이다.

그는 가족뿐 아니라 이웃을 도와주는 정 많은 사람일 것이다. 노인의 짐을 들어주고 고맙다는 말을 듣기 무섭게 시야에서 사라지는 남자, 넘어진 아이를 일으켜주며 생긋 웃는 남자, 꽃과 새를 좋아하는 남자, 가던 길을 멈추고 푸른 하늘을 보며 눈물이 고이는 남자일 것 같다.

출발 시간이 되어 그들도 나도 개찰구를 향한다. 누나는 엄마의 웃옷을 여며주고 동생의 등을 다독거린다. 누나의 모습이 사라지려 하자 동생은 손을 흔들면서 큰 소리로 외친다.

"누나, 매형한테 고맙다고 전해줘! 꼭!"

기차를 타고 오면서 내내 소년의 외침이 들리는 듯하다. 그리고 나를 돌아본다. 가까운 사람에게 따뜻한 마음으로 살지 못한 후회가 밀려온다. 우선 시댁 식구들에 대해 며느리, 동서, 형수, 올케로서 제대로 관심을 갖지 못하고 산 것 같다. 오히려 받은 사랑이 더 크다.

딸 결혼 준비하느라 턱없이 오른 물가 때문에 힘들 동서에게 전화라도 걸어봐야겠다. 가을이면 갖가지 농작물과 김장용 고춧가루를 빻아서 보내준다. 또 큰 시누님께도 고맙다는 말씀이나마 드려야겠다. 손수 키운 채소를 깨끗이 다듬어 차곡차곡 포장하고, 내가 좋아하는 오이, 마늘 장아찌를 잔뜩 보내주신다. 작년엔 스무 가지나 되는 먹거리를 보내주시고 화장품이나 내의까지 주셨다. 작은시누도 정성스레 손질한 결명자

차와 고구마를 보내주곤 한다. 다들 도시에 살면서 텃밭을 일궈 키운 것들이다. 그토록 마음을 주는데 나는 받기만 하고 산다. 윤동주의 「눈」이란 제목의 시 한 편이 생각난다.

지난밤에
눈이 소-복이 왔네
지붕이랑
길이랑 밭이랑
추워한다고
덮어주는 이불인가 봐

그러기에
추운 겨울에만 내리지

외로움이 밀려오는 어스름 깔린 저녁, 창밖에 눈발이 흩뿌린다. 추운 마음이 따스해진다. 아랫목 이불 같은 그 '매형'이 떠올라서다.

나이 드는 기술

나이 드나 보다. 거울 속에 흰머리와 주름진 얼굴이 비친다. 외로운 눈빛으로 굽은 등을 지팡이에 의지한 어머니를 보면 곧 닥칠 내 모습 같다.

고령화시대 추세에 맞춰 노년에 관한 정보와 책이 넘쳐난다. 아직은 책 읽는 게 좋아 시간 나는 대로 서점에 들른다. 서가에 빽빽이 꽂힌 책 중에서 베이지색 책 한 권이 눈에 띈다. 프랑스 작가 앙드레 모루아의 『나이 드는 기술』. 바로 사서 공감하는 부분에 밑줄을 그으며 단숨에 읽는다. 나이 듦에 대한 징조를 제시하고 지루하지 않게 처방을 내린다. 늙어가는 것은 불행이지만 능숙하게 나이 드는 기술을 알아서 잘 예방하면 극복할 수 있다는 내용이다.

저자는 늙는 것은 난제이지만 피할 수 없는 생리적 변화이므로 받아들이라 한다. 가을날 삭풍이 부는 것처럼 갑자기 질병의 고통이 찾아오지만, 사실은 세월과 함께 병의 어두운 그림자가 서서히 몸속에서 전진

해오고 있다는 것이다. 모터가 피로해지는 이치와 같은 것, 잘 점검하고 수리하면 성능을 유지할 수 있고 다시 쓸모가 있으니 너무 염려할 것 없다며 위로한다. 힘센 노인이 있는 반면 힘없이 흐느적거리는 젊은이도 있으니 끊임없이 몸을 움직여 혈관과 관절을 잘 유지하라고 권고한다.

논밭에서 몸을 움직이며 일하는 어르신이 장수한다는 말이 있다. 도시에선 수영, 헬스, 탁구 등 열심히 운동하는 사람이 많고 공원이나 복지관마다 시설이 잘 돼 있어 부지런하기만 하면 얼마든지 체력 단련을 할 수 있다. 나는 사십대에 테니스, 배드민턴 좀 치다 그만두고 걷기를 할 뿐인데 날씨 탓, 컨디션 탓하며 꾸준히 하지 못한다.

다시 작가 모루아로 돌아가 보자. 그는 육체의 약함보다 감정과 정신의 무관심이 더 문제라고 한다. '이젠 너무 늦었다, 승부는 이미 끝났다, 무대는 완전히 다음 세대로 옮겨갔다.'라고 느끼는 것은 아무런 도움이 되지 않는다고 조언한다.

무엇보다 살아야 할 이유를 계속 지니라고 한다. 역경의 길을 걷는 파란만장한 인생, 투쟁, 학문같은 것이 피로와 소모의 원인이라고 생각하기 쉽지만 오히려 그것이 쉽게 늙지 않게 한다는 것이다. 늙어버린다는 것은 하나의 나쁜 습관이지 바쁜 사람은 그런 버릇을 가질 짬이 없다면서 노화를 피하려면 어떤 일에든 몰두하라고 권한다. 꿈꾸기를 멈추는 때부터 나이 든다는 뜻일 게다. 두 번째 책은 일본 작가 나카노 고지가 쓴 수필집 『행복한 노년의 삶』이다. 그는 대학교수 정년을 15년이나 남기고 퇴직했지만 후회는커녕 그때부터가 자신의 인생이었다고 술회한다. 노년은 어떤 구속도 받지 않을 연령이므로 싫은 일은 하지 않고, 즐거운 일만 하면서 살아도 된다는 것이다.

휴대폰도 없고, TV나 인터넷도 즐기지 않는다. 나가봤자 좋을 게 하나도 없다면서 집에서 고전 읽고 글 쓰고 서예를 즐긴다. 나의 남편 모습을 보는 것 같다. 이것저것 즐기지 않고 온종일 책상 앞에 앉아 클래식 음악을 들으며 뭔가 노트에 깨알같이 써가며 공부하고 성경을 읽는다. 요즘 세상에 그런 사람이 어디 있느냐며 남편에게 해 대는 잔소리를 자제해야 할 것 같다. 솔직히 그런 생활이 편안해 보일 때가 있기는 하다. 외모는 늙어가긴 하지만….

나카노는 특히 수필집을 10권이나 펴낼 만큼 수필을 좋아해서 아침에 일어나거나 잠자리에 들기 전 뛰어난 수필가의 격이 있는 글을 읽고 쓰는 매력에 흠뻑 빠졌다고 한다. 노년의 큰 행복이라 여겨져 좋은 수필을 쓰고 싶은 생각이 간절해진다.

그는 햇살 비치는 오후, 뜰 의자에 앉아 무심하게 나무나 개를 쳐다보며 몸과 마음을 조용히 쉬게 하는 시간, 아내와 함께 맑은 공기 마시며 산책하면서 건강하게 그저 무사하게 지내는 시간을 즐긴다. 그의 메시지는 인생은 과거도 미래도 아닌 '지금 이곳'에서의 삶이니 현재의 시간을 충실하게 자기답게 살라는 것이다. '카르페 디엠carpe diem 현실에 충실하라'이란 말처럼.

또 누구든 자신을 비난하거나 칭찬해도 개의치 않겠다면서 이렇게 선언한다. "사람들과의 교제나 행사, 관혼상제, 명절 중 어느 것 하나 챙기지 않고 넘어갈 일이 없다. 그렇다고 하나도 빠지지 않고 참석하다 보면 가야 할 곳이 더 많아지고, 몸도 힘들어지며 정신적으로 여유를 가질 시간마저 사라진다."라고. 이미 해는 저물고 앞으로 갈 길은 멀다. 아, 가슴이 뛴다.

오래 사는 것만으로 좋은 인생이라 생각하지 않는다. 노년은 결코 살기 위해 사는 것이 아니라 어떻게 사느냐가 중요하니까. 소망을 잃지 않고 천박하지 않게 영적 향기가 피어나는 여생을 바란다. "노년은 성가신 것이 아니라 즐겁다네." 키케로가 한 말이다.

갈색 고양이

나는 고양이를 별로 좋아하지 않는다. 딱히 꼬집어 말할 이유는 없다. 아마 나의 고양이에 대한 편견 때문에 장막이 드리워진 것이리라.

날이 어두워지면 아파트 주변에 갈색 고양이가 어슬렁거린다. 쓰레기를 버리러 갈 때마다 고양이가 있을지 몰라 조심스레 몸을 움츠린다. 하지만 고양이가 먼저 주차한 차 밑으로 미끄러지듯 몸을 숨긴다.

고양이 눈은 예사롭지 않다. 형형색색 투명한 구슬이 박힌 듯 뿜어내는 안광眼光이 나를 꿰뚫어 보는 것 같다. 고양이를 싫어하는 내 맘을 알고 있는 듯싶어 눈이 마주칠까 봐 똑바로 바라보지 못한다.

고양이는 어떤 면에서 인간의 성격과 비슷하다. 영리하고 신중하고 독립심이 강하고 때로는 무사 태평해서 웬만한 일엔 거들떠보지 않고 조용하다. 시인은 고양이를 육감적인 여인의 아름다움에 빗대어 시를 쓴다. 천재 화가 레오나르도 다빈치나 에두아르 마네는 고양이를 사랑해서 화폭에 많이 담는다.

반면 잔인할 만큼 공격적이고 괴기한 맹수의 유전자를 갖고 있음을 강조하는 작품도 있다. 18세기 프랑스 작가 라 퐁텐 우화에는 독선적이며 위선적인 엉큼한 모습으로 등장한다. 에드거 앨런 포의 단편소설 『검은 고양이』를 읽으면 등골이 오싹해진다. 이런 심리적 선입관 때문에 까닭 없이 고양이를 싫어할 수 있다.

오랜 세월 고양이는 유익함과 불길함의 양면성을 갖고 인간과 함께 살아왔다. 서로 뗄 수 없는 깊은 관계를 맺고 사는 역사도 꽤 길다. 고대 이집트인은 그들의 문명에 야생 고양이를 끌어들여 동반자로 인식하거나 예술작품의 주제로 삼기도 하고 고양이가 죽으면 방부제를 사용하여 보전할 정도로 숭배했다. 풍요와 모성의 상징으로 여기며 그들의 수호 여신을 고양이 얼굴로 벽화에 조각해 표현했다.

단독 주택에 살 때였다. 동네에 유난히 고양이가 많았다. 담을 넘나들고 비 오는 밤엔 야릇하게 울어대고 생선 토막을 보는 대로 먹어치웠다. 느릿느릿 걷다가도 가볍게 건너뛰는 놀라운 점프력, 영롱하게 빛나면서도 모호한 시선, 미끈하면서도 현란한 털의 색깔…. 고양이의 이런 모습과 속성에 대해 거부감을 느꼈다.

아파트 갈색 고양이를 지켜본다. 아직은 주민의 영역을 침범해서 손해를 입히지 않고, 묵묵히 자신의 몫을 살면서 별다른 문제를 일으키지 않는다. 지하 주차장 구석에 은신처를 만들고 먹거리를 찾아 주변을 맴돌 뿐이다.

장맛비가 내리다 그친 저녁, 한 주민이 갈색 고양이에게 먹을 것을 주니 배가 고팠는지 거의 다 먹어치운다. 순한 모습. 아이들이 신기한 듯 가까이 모여들어 고양이를 쓰다듬는다. 순간, 그 정경과 너무 먼 거리에 떨어져 있는 나를 바라본다. 먹을 것은 고사하고 물 한 모금 준 적이 없다. 되레 고양이를 아파트에서 내쫓으면 좋겠다고 생각한 적이 있다.

사람마다 좋거나 싫은 동물이 있을 수 있지만 나는 고정관념과 편견에 사로잡혀 고양이가 나에게 적의를 품을 수 있다는 부정적인 잣대를 들이댄 것이다. 잘 사귀어보지도 않고 겉모습과 말씨와 사는 곳이 다르고, 문화와 환경이 다르다면서 비하하고 편당 짓는 속 좁은 인간 무리와 다름없는 내가 아닌가. 단지 다를 뿐 틀린 것이 아닌데 말이다.

프랑스 시인 보들레르는 고양이를 '친밀한 정령'이며 '가정의 자랑거리'라고 읊는다. 겨울, 공원에서 죽어가는 새끼 고양이를 보며 슬퍼하던 여인, 큰돈을 지불하고 얻은 복제 고양이를 안고 기뻐하던 여인의 모습이 뇌리에 남는다. 다행히 딸애는 고양이를 좋아한다. 영국에서 공부할 때 집이 너무 추워 주인 할머니가 기르는 고양이를 자주 안아줬단다. 덩치가 크고 무섭게 생긴 검은 고양이다. 사진만 봐도 내 몸엔 으스스한 냉기가 스친다.

요즘 고양이를 끔찍이 좋아하는 사람이 많다. 애완동물로 흠잡을 데

없이 깔끔하다고 한다. 또 평온함을 좋아하고 쓰다듬어 주는 것을 좋아해서 집안 분위기를 훈훈하게 한다는 지인의 말이다. 베르나르 베르베르의 신작 『고양이 1-2』가 나왔다. 교보문고에 가봐야겠다.

얼마 전 공원에서 크고 작은 고양이를 양 어깨에 한 마리씩 얹은 채 또 한 마리는 가슴에 안고 산책하는 사람을 한참이나 바라봤다. 나는 아직 집에서 고양이를 키울 맘은 없다. 다만 고양이에 대한 부정적 태도를 버리고, '싫은 걸 어떻게 해!'라고 고집스럽게 우기지 않으련다.

조각가 로댕은 "자연과 동물에는 잘못이 없다. 단지 인간의 눈이 잘못 보는 것이다."라고 말한다. 나에게 아무런 위해를 끼치지 않은 고양이에게 한쪽으로 기울어진 잣대를 들이댄 것이 잘못이다. 하면, 사람에 대한 편견은 더더욱 안 될 것이다.

저녁엔 지하 주차장으로 갈색 고양이를 만나러 가야겠다. 먹을 것을 갖고 가서 내가 먼저 눈인사를 하고 싶다.

꽃사과나무

늦가을이면 꽃사과나무 아래를 자주 걷는다. 볼수록 안타까운 나무여서 동병상련을 느낀다. 가진 것에 만족하고 모자라는 것은 그대로 받아들이자며 나무와 이야기를 나눈다.

이른 봄 푸릇푸릇 돋아나는 새싹은 겨우내 추위에 얼어붙은 마음을 녹여준다. 가지마다 다닥다닥 핀 흰 꽃은 얼마나 눈부시게 예쁜지 나무 아래서 황홀경에 빠지곤 한다. 꽃이 진 자리엔 대추만한 자주색 열매가 가지가 휘어질 정도로 주렁주렁 열리고 누구나 조금만 손을 올려도 딸 수 있다.

하지만 아무도 이 열매를 따려고 들지 않는다. 살구 · 대추 · 은행이 축 처진 가지에 매달렸다면 그냥 두지 않을 것이다. 가게마다 진열된 오색 과일이 눈을 즐겁게 하고 달콤한 향기가 코끝에 스미지만 꽃사과 열매는 찾아볼 수 없다.

'먹을 수 없을 만큼 맛이 쓰고 떫겠지.'라고 생각하며 한 개를 따서 맛을 본다. 껍질도 연해서 아삭하고 새콤달콤한데 먹고 난 뒤 떫은맛이 입안에 남는 게 흠이다. 몇 개를 맛보니 더는 먹고 싶지 않다. 설령 가게에 진열됐다 해도 굳이 사 먹을 것 같진 않다. 아, 산에 있다면 야생동물의 좋은 먹잇감이 될 텐데….

안타깝다. 청순한 꽃. 무성한 나뭇잎. 예쁜 열매. 그런데 딱 하나 부족한 게 있다면 열매 맛이 그다지 좋지 않다는 것이다. 가을 내내 단풍 들 생각도 안 하고 초록 잎 사이 자줏빛 열매를 주저리주저리 매달고 있다. 그러다가 그대로 쪼그라져 엉겨 붙거나 떨어지고 만다.

입동이 지난 늦가을, 꽃사과나무 아래를 걷는다. 떨어진 열매가 사람 발길에 짓밟혀 피투성이 범벅이 돼 터져 있다. 울퉁불퉁 못 생긴 모과도 차와 한방 약재로 쓰이는데 이토록 매끈한 게 쓸모없이 버려지고 흔한 과일주 재료도 못되다니…. 겨울바람이 몰아치면 올 한 해 나무의 일생을 마감할 텐데.

인간의 관심에서 외면당한 꽃사과나무. 낙심천만일 심정. 하지만 나무는 태연하다. 불만이 없는 듯 의연하다. 자신의 문제를 잘 알고 회피하지 않는다. 아니 그걸 딛고 일어선다. 만약 나무가 소외감에 어쩔 줄 몰라한다면 이듬해 그토록 아름다운 꽃을 피우지 못할 것이다.

나무는 부족함을 온전히 받아들이는 듯 속삭인다. '괜찮아요. 나에겐 사람을 황홀하게 하는 꽃과 그늘이 되는 무성한 잎이 있잖아요. 이렇듯 잘 자랄 수 있는 것만 해도 고마워요. 나에게 관심을 갖고 사랑해주는 당신이 있어 행복하답니다.'라고.

인생도 그렇다. 나이 든 사람이 모이면 '한 가지 모자람 없는 사람 없다.'라든지 '한 가지 걱정거리 없는 집 없다.'라는 말이 오간다. 사람은 다 결핍을 안고 있다는 삶의 통찰일 것이다. 집집마다 대문 열고 들여다보면 문제 하나쯤 있기 마련이라는 것을. 온갖 복이 주어졌다고 느낄지언정 주위를 살피며 겸손히 요란 떨지 말라는 것을, 더 나아가 어려움이 있다 해도 순순히 받아들이라는 뜻이리라. 아주 해결 방법이 없는 걱정거리는 아닐 테니까.

그러하다. 이 나무는 아파트보다 산에 있어야 한다. 꽃사과를 맛없게 만든 신의 숨은 뜻을 찾아야 한다. 사람에겐 꽃을, 야생동물에겐 먹잇감을 주라는…. 도토리는 맛이 좋아 사람들이 좋아한다. 산에선 사람과 다람쥐가 도토리 쟁탈전을 벌인다. 올핸 태풍으로 도토리 결실량이 모자라 배고픈 다람쥐가 많을 것 같단다. 꽃사과는 겨울잠을 자기 전 배불리 먹어야 할 다람쥐나 토끼 같은 야생동물에겐 성찬盛饌이 될 것이다. 결핍이 아닌 신의 은총으로….

헛헛해지는 가을, 널브러져 있는 열매 사이를 걸으며 안타까움을 삭인다. 열매 맺기 위해 최선을 다했으면 그것으로 족한 거라고. 결과는 나무의 몫이 아니라 신의 숨은 뜻이라고. 나무의 부족함은 큰 모자람이 되지 않는다. 꽃사과 열매가 떫어서 사람이 먹기에 부족하더라도 나무 존재는 그 자체로 온전한 것이리라. 꽃사과나무는 누구에게나 기쁨과 위로가 되는 소중한 존재임에 틀림없다.

나는 늘 바보 타령이다. 부족한 게 한두 가지가 아니다. 이 모자람을 위해 건배할 것까진 아니지만 때론 고마워해야겠다. 스스로 고개 숙일 수 있고 그런 대로 어디엔가 쓸모 있을 곳을 찾기 때문이다.

꽃사과나무에게 말한다. “네 부족함이 어느 곳, 그 누구에게 어떤 보완 내지는 충족함으로 나타날 수 있을 거야.”라고. 내 결핍도 어느 곳, 그 누구에게 작은 위로가 될지 모를 일이다.

4장

채송화를 좋아하세요

소박한 식사 대접에 성찬盛饌인 듯 고마워하거나

작은 선물을 받고 큰 의미를 찾는 사람,

낮은 자리에서도 감사하며 나서지 않고

조용히 옆으로 비켜서는 사람,

나보다 나은 사람을 시샘 없이 바라볼 수 있는 넉넉한 마음의

여유, 그러면서도 끈질긴 생명력을 가진 사람…

채송화 같은 사람이다.

마음을 담은 상자

다도茶道에 심취한 선배 수필가의 초대를 받았다. 온 집안이 차에 관한 물건으로 가득하다. 찻잔 세트, 주전자와 화로, 온갖 종류의 차 봉지가 감탄을 자아낸다. 책장에도 주로 차에 관한 책이 꽂혀있다. 차에 관한 모든 것을 수집한다.

차 향기를 음미하며 담소를 나눈다. 삶의 주제를 찾다가 우연히 차에 매료되어 이렇듯 많이 수집했다고 한다. 그는 "차와 교감하면서 정신적으로 안정을 찾고 차와 함께 논다."라고 한다. 욕심이나 자랑이 아니라 정말 좋아한다라는 것을 알 수 있다.

취미로 여러 가지 물건을 찾아모으는 사람이 있다. 수석 · 도자기 · 그림 · 난 · 야생화 · 와인 등등 다양하다. 우표나 기념주화를 사려고 우체국 앞에서 밤을 새우고, 남보다 더 기발한 품목을 찾는다. 취미로 모으는 게 대부분이지만 재산 가치나 연구 목적으로 남보다 독특한 것을 찾는

이도 있다.

수집은 현대인의 취미 정도뿐만 아니라 오래전부터 삶의 한 부분을 차지했음을 알 수 있다. 공주형 미술평론가는 "16세기 서구에 수집 열풍이 불었다. 지리상의 발견과 외국 무역 확대로 신대륙의 물건들이 관심을 끌었다. 진귀하고 이국적인 품목이 교육적 목적이 아닌 개인적 차원에서 수집되고 진열되었다."라고 설명한다. 그리하여 박물관, 미술관, 도서관의 존재 가능성을 추측할 수 있다고 덧붙인다.

수집 물건을 보면 재밌다. 지인 한 분은 태엽을 사용하는 오래된 전축을 좋아해서 벼룩시장을 찾아다닌다. 한국을 빛낸 마라톤 선수 L씨는 5천 장이나 되는 우표를 모았단다. 폭정으로 프랑스혁명을 일으키게 했던 루이 16세는 열쇠 수집이 취미였고, 체코 작곡가 드보르자크는 철도 마니아로 기관차에 대한 모든 것을 모으며 기뻐했다고 한다.

프랑스 시골에서 세계 여러 나라의 화폐를 액자에 넣어둔 카페 주인을 만난 적이 있다. 그는 한국 지폐 천 원짜리를 가리키며 부분적이지만 나름대로 우리나라에 대한 얘기를 하며 즐거워했다. 관광객이 오가는 곳에서 화폐를 통해 각 나라의 문화를 이해하려는 주인의 아이디어가 인상 깊었다.

진귀한 물건을 수집하는 사람은 지적 자극과 예술적 상상력을 키울 수 있을 것 같다. 수석 수집가는 기암절벽이 있는 한 폭의 동양화를, 난蘭 수집가는 고고하고 흐트러짐 없는 선비의 모습을 연상할 수 있을 것이다. 쫓기며 바삐 살아가는 현대인에게 한 사물에 대한 호기심과 몰입은 몸과 맘을 휴식하게 한다.

여행 중 붐비는 거리를 지날 때였다. 어디선가 맑은 종소리가 들려와서 보니 동행인의 손 안에서 나는 소리였다. 그는 여행지마다 종을 샀다. 어린 시절 고향의 교회 종소리가 듣고 싶고, 종소리를 들으면 어머니의 기도 소리가 그리워 백여 개나 모았단다. '수집을 위한 수집'이 아니라 종을 모으며 어머니의 모습을 그리고 목소리를 듣는다. 그에게 종은 어머니의 사랑과 그리움이다.

나는 특별히 수집에 빠져든 게 없다. 한동안 종, 티스푼, 향수를 모으려고 했으나 별 의미가 없는 것 같아 그만뒀다. 미국 여류작가 린드버그의 『바다의 선물』을 읽은 뒤 조개껍데기에 관심이 있었다. 바닷가로 휴가를 떠난 작가가 소라고동 · 달고동 · 굴조개 같은 몇 종류의 조개를 통해 삶을 관조하며 쓴 수필집이다.

이곳저곳 여행지의 기념 접시를 보며 회상하는 것도 그런대로 즐겁다. 한데 요즘 마음에 드는 수집거리가 생겼다. 집안 정리를 하면서 '바로 이거다'라고 꽂힌 것이다. 가족, 친구, 학생들이 보내준 정감 어린 선물과 편지, 심지어 선물 포장지와 리본까지도 보내준 이의 마음을 잊을 것 같아 못 버리고 수년간 그대로 둔 것들이다. 부모님의 성탄절 카드와 편지도 어쩌면 마지막 글이 될지 모른다는 생각으로 모두 간직해왔다.

눈에 띄는 대로 찾아보니 제법 많다. 예쁜 상자에 하나 둘 담는다. 사랑과 감사와 추억이 차곡차곡 쌓이면서 마음이 따뜻해진다. 지금도 그들이 내 곁에서 나를 격려하며 아끼며 사랑하는 것 같다. 마음을 담은 상자는 차 수집가 선배 말처럼 내 삶의 작은 주제가 될 것이다.

더 나이 들어 외롭고 허전할 때 이 상자를 열어보리라. 떨리는 손으로.

문 없는 채소가게

동네 대로변에 문 없는 채소가게가 있다. 건물 앞 자투리땅에 서 있는 플라타너스 아래에 리어카를 놓고 채소와 과일을 판다. 비바람이 몰아쳐도 피할 수 없는 그곳에 가면 늘 따뜻한 미소로 대해주는 아저씨를 만난다. 나무가 묵묵히 본연의 임무에 충실한 것처럼 그의 성실한 일상성日常性이 나무를 닮은 듯하다.

다행히 행인에게 지장을 주진 않는다. 리어카엔 오이 · 호박 · 가지같은 가벼운 것을, 바닥엔 과일 · 배추 · 무 · 양파 · 고구마같은 무거운 것을 진열해놓는다. 모든 물건이 나무를 중심으로 둥그러니 늘어져 있다.

아저씨는 신선하고 좋은 먹거리를 제공한다. 어찌 보면 이익을 얻는다기보다 동네 사람들이 값싸고 편리하게 사 먹을 수 있도록 베푸는 장사를 하는 것 같다. 그래선지 그의 모습이 도 닦는 사람처럼 보이기도 한다. 해 질 녘까지 물건이 안 팔려도 "이익을 볼 때도, 손해 볼 때도 있죠."

라며 여유 있는 표정이다.

그는 심성이 착한 사람 같다. 모자를 쓴 귀밑 흰머리는 60대 중반을 가늠케 하고 구릿빛 얼굴에 부드러운 말씨는 오가는 사람에게 편안함을 준다. 한가할 땐 시끄러운 주위는 아랑곳하지 않고 신문이나 책을 읽는다.

나는 단골손님이다. 이 동네에 오래 살다 보니 문 없는 가게를 알게 된지 십여 년 세월이 흘렀다. 아저씨는 내가 무 · 배추 같은 무거운 채소를 산 뒤 힘에 부치는 듯싶으면 기꺼이 집까지 배달해 준다. 가게를 비우는 동안 손님이 왔다 갈까 봐 사양해도 괜찮다면서…. 어쩌다 물건 값이 모자라면 다음에 달라하고 때깔 좋은 것으로 조금이라도 더 얹어준다. 지하철을 타러 갈 때마다 인사를 주고받는다.

이른 아침 아저씨가 채소와 과일을 잔뜩 싣고 오는 모습은 너무나 힘겨워 보인다. 후유~후유~ 숨을 헐떡거리며 차가 씽씽 달리는 차도 한쪽으로 비켜오는 모습은 위험천만이다. 사고라도 당할까 싶어 걱정스럽다. 봄엔 건강하고 활기차게 장사를 시작하지만, 한여름 뙤약볕 아래에서는 지치고 피곤해 보인다.

채소는 골판지로 덮어 시들지 않게 하지만, 정작 본인은 티셔츠가 흠뻑 땀에 젖는다. 하루 종일 무더위를 참으면서 그 자리를 떠나지 못한다. 넓은 플라타너스 잎이 조금은 햇볕을 가려주니 아저씨는 나무 덕을 많이 보는 셈이다.

그는 등 없는 의자에 앉아 나무에 기대어 잠깐 졸면서 피로를 푼다. 새벽시장에 나가 물건을 해오느라 잠이 부족할 것이다. 가끔 나무를 마주 보고 앉아 도시락으로 때늦은 점심식사를 하는 모습에서 그가 나무를 의지한다는 생각이 든다. 의지할 것이라곤 이 나무밖에 없으니.

변함없는 그 친구가 있기에 다음날 다시 리어카를 끌고 나올 힘이 생기는 것 아닐까. 나무를 자신의 형편과 속마음을 진정으로 알아주는 지기지우知己知友라고 고맙게 생각하면서…. 잎은 비와 햇빛을 막아주고 나무줄기는 지친 허리를 기댈 수 있게 해 준다. 나무 아래서 살아갈 힘을 얻는지도 모른다.

오늘도 그는 해 질 녘까지 문 없는 가게를 꾸려간다. 일요일을 빼곤 어김없이 그 자리에 있다. 똑같은 일이 너무 힘들고 지쳐 하루쯤 쉬고 싶은 생각이 왜 없을까. 매일 같은 일에 만족하면서 부지런히 살아가는 아저씨의 일상성에 내 마음도 새로워진다. 아마 그 일상성의 바닥에는 아무 대가 없이 도움을 주는 나무에 대한 고마움이 있을 것이다.

부끄럽다. 날마다 재밌고 기복 있고 새로운 일이 있어야만 즐거운 삶이라고 생각한 때가 많다. 다람쥐 쳇바퀴 도는 것 같은 지루한 일상이 별 의미 없다고 불평하지 않았는지 돌아본다.

세상 누구나 다 하는 일이며 꼭 해야 할 일인데…. 어떤 이벤트가 아닌 평범하고 담백한 일상성에 진정한 행복과 마음의 평정이 오는데….

이 나이 되도록 삶에 대한 곧은 자세를 갖지 못하고 흔들린다. 조변석개朝變夕改다. 그렇다고 채소가게 아저씨처럼 이웃에게 무엇 하나 베푼 것도 없다. 평범한 일상에 감사할 줄 몰랐다. 살면서 힘이 빠질 때, 문 없는 채소가게를 떠올려보리라.

성묘

9월 중순. 여름이 끝나고 가을로 가는 길목, 낮엔 벌들이 윙윙거리며 꿀을 모으고, 밤 이슥하면 귀뚜라미가 목청껏 울어댄다. 활짝 열린 창문이 하나둘 닫히고 시끌벅적하던 골목길도 조용해진다.

사람들은 계절의 변화에 잘도 순응한다. 영영 가지 않을 것처럼 기승을 부리더니 여름의 빠른 작별에 온몸이 시리다. 봄이 가면 여름이 오고 여름이 가면 가을이 오는 것을 누군들 막을 수 있을까.

추석이 다가온다. 춥지도 덥지도 않은 일 년 중 가장 쾌청한 날씨. 교통지옥을 피하려고 남편과 나는 미리 아버님 산소에 다녀올 채비를 한다. 음식을 챙기고 가벼운 옷차림으로 나서지만 그닥 즐겁지는 않다.

대전역에 내려 국화 꽃다발을 산 뒤 버스를 타고 천주교 묘지가 있는 산내로 향한다. 버스가 짙은 그늘을 드리운 긴 가로수 터널을 지난다. 초록 잎이 한결 부드러워진 햇빛에 반짝이며 나풀거리는 것을 바라보니 헤르만 헤세의 시가 떠오른다.

여름이 그 마지막을 향해 잠잠히 몸부림치네.
잎이 하나둘 금빛 물방울 되어
높은 아카시아 나무에서 굴러 떨어지고
죽어가는 정원의 숲속에서
여름이 깜짝 놀라 피로한 웃음을 띠네.
여름은 지금 잠시 동안 장미꽃과 더불어 잠들고 싶어 하고
이윽고 여름은 서서히 피로한 그 큰 눈을 감네.

여름의 작별을 절묘하게 표현한 시인의 감수성과 상상력에 감탄하면서 어느새 묘지 입구에 다다른다. 아직은 온통 푸르르다. 윗옷을 벗어 어깨에 걸치고 가던 남편이 걸음을 멈춘다. 하얀 와이셔츠가 눈부시다. '오늘은 내 차례요 내일은 네 차례니라'라고 쓴 팻말 앞이다. 스페인의 공동묘지에 있는 작은 채플 입구에도 '오늘은 나, 내일은 너.'라는 짧은 문구가 동판에 새겨져 있다고 한다.

처음 이 글귀를 읽었을 땐 깊은 의미가 있지만 나 자신은 아직 그렇게 심각하게 뜻을 음미하지 않아도 된다고 생각했다. 그런데 지금 그 팻말이 갑자기 눈앞에 가까이 다가온다. 순간 두려움이 스친다. 피하기라도 하듯 빠른 걸음을 재촉한다.

걷다 보니 다른 팻말이 버티고 서 있다. '사람은 육으로만 사는 것이

아니요 오직 영으로 살지니….' 가시지 않은 늦더위로 땀을 닦으며 걸음을 멈춘다. 소리 내어 읽지만 뜻을 익히 알고 있는 듯 둘은 말이 없다.

길 한편에 젊은 시절 남편에게 어학공부와 사랑을 베풀어준 프랑스 신부님의 묘가 꽃으로 장식돼 있다. 머나먼 이국땅에서 외롭게 숨진 그 분을 생각하며 남편은 회상에 젖는다. 한참 올라가다 그는 또 발길을 멈춘다. 젊은 나이에 세상 뜬 고교시절 훌륭하신 음악 선생님의 묘비라며 허탈한 표정을 짓는다. 사방이 조용하다.

상록수가 크게 자라 하늘을 향해 쭉쭉 뻗혔다. 아버님 묘에 이르러 풀을 뽑고 기도를 드린다. 자상하시고 인자하신 아버님, 우리가 결혼한 지 1년도 채 안 된 여름에 떠나셨다. 왜 그토록 서둘러 가셨는지 마음이 아픈데 말 없는 남편의 심정은 더할 것이다. 비석을 어루만지는 그의 표정이 오늘따라 유난히 어둡다. 언젠가는 자신의 차례도 다가오리라는 첫 번째 글귀가 생각나서일까.

풀밭에 앉는다. 서로 말이 없다. 공기는 맑고 탁 트인 전망이 시원하다. 눈 아래 멀리 냇물이 흐르고 그 위로 쭉 뻗은 도로에 장난감 같은 차가 씽씽 달린다. 길 건너편은 온통 푸른 산이다. 자연은 세월이 갈수록 무성해지는데 사람은 세월이 갈수록 힘없이 늙고 초라해진다.

갖고 온 도시락을 잔디 위에 늘어놓는다. 식사 때가 지나선지 입맛이 돈다. 고추잠자리가 살포시 앉았다 날아간다. 하지만 남편은 별로 먹고 싶지 않은 표정이다. "나이 탓인지 야외에 나와도 별로 식욕이 없어.

예전엔 맛있었는데….”라고 말하는 그의 얼굴을 찬찬히 훑어본다. 까칠한 피부에 주름살이 얽혔다. 그렇잖아도 요즘 남편에게 “젊었을 땐 얼굴이 깨끗했는데 칙칙하다”라고 핀잔을 주곤 한다.

쉬지 않고 흐르는 세월 따라 모습도 마음도 변한다. 사랑과 아름다움으로 가득했던 가슴은 지난 날의 그리움과 아쉬움으로 채워진다. 발버둥친들 소용없는 자연의 섭리를 ‘그러려니’ 하고 체념할 수밖에 없다. 먼 산을 바라본다. 젊은 날이 산을 돌아 영영 날아가 버린 듯하다.

살아온 날과 앞으로 남은 날을 견주며 분주히 속셈을 한다. 불쑥 “우리도 하늘나라 갈 준비를 해야 마음 놓일 것 같아요.”라고 한숨에 내뱉듯이 말한다. 남편은 아무런 대꾸가 없다. 아니 내 말을 전혀 들은 것 같지 않다.

무엇을 어떻게 해야 마음이 놓인다는 건지 쓴웃음이 난다. 결코 해서는 안 될 너무나 슬픈 이야기를 했다고 중얼거리며 주섬주섬 그릇을 챙긴다. 손끝이 떨리고 몸에 전율을 느낀다. 황급히 저만큼 내려가고 있는 남편이 더 야위어 보이고 나는 하얗게 늙고 처량한 어느 노파의 모습이다.

내려오는 길에 그 팻말이 나를 다시 쳐다본다. 자석처럼 피할 수 없이 시선을 끌어당긴다. 죽은 자가 산 자에게 전하는 통절한 메시지.

“오늘은 내 차례요 내일은 네 차례니….”

헤세의 시를 다시 읊조린다. 여름이 가듯 인생도 때가 되면 피로한 눈을 감으리라.

사람들은 계절의 변화에 잘도 순응한다. 영영 가지 않을 것처럼 기승을 부리더니 여름의 빠른 작별에 온몸이 시리다. 봄이 가면 여름이 오고 여름이 가면 가을이 오는 것을 누군들 막을 수 있을까.

참새 방앗간에서

지하철역에서 집으로 오려면 두 갈래 길이 나 있다. 주로 인적이 드문 조용한 길로 다니지만 요즘은 자주 시끌벅적한 길이 발길을 끈다. 삶이 꿈틀대는 골목길 정경은 사람 냄새가 나고 점점 의기소침해지고 쓸쓸해지는 나에게 활력을 북돋아줘 좋다. 코끝에 스미는 비릿하고 고소한 냄새는 입맛뿐만 아니라 사는 맛을 느끼게 한다.

애초 이 골목엔 약국이나 구멍가게 같은 생활에 필요한 가게가 많았지만 몇 년 사이 완전히 달라졌다. 지하철이 환승역이 되자 유동인구가 많아졌기 때문이다. 게다가 한강공원이 개발돼 사람들의 왕래가 잦아지면서 카페나 음식점이 하나둘씩 들어서더니 이젠 거의 먹자골목이 되었다.

아직 미장원이나 세탁소는 그대로 남아있지만 저녁이 되면 서둘러 문을 닫는다. 그러곤 전혀 다른 광경이 펼쳐진다. 이런 변화를 그리 달갑게 여기지 않은 게 솔직한 심정이어서 냉정한 방관자나 구경꾼으로 지내왔다. 그런데 웬일인지 점점 골목길 분위기에 익숙해진다. 흠씬 정을 나누는 그들과 함께하고 싶다. 외로워지는 나이 탓일까.

저녁 어스름이 내려앉으면 하루 일을 끝낸 직장인들이 삼삼오오 모여든다. 간판에서 새어나온 붉은빛 때문인지 얼굴빛이 건강해 보인다. 큰 소리로 기분 좋게 한바탕 웃으며 서로 옷깃을 밀고 당긴다. 하루의 피로와 긴장과 응어리를 푸는 모습이다. 좁은 길이 생동감과 자유스러운 분위기로 넘친다.

고민 하나쯤 있을 것 같은데 어두운 표정이라곤 찾아볼 수 없다. 좋은 사람과 함께 음식을 나눠먹는 것도 즐겁게 사는 맛이지 싶다. 지글지글 고기가 구워지는 동안 삶의 애환을 주고받는다. 이야기꽃을 피우다 보면 세상 걱정 혼자 짊어진 것처럼 무거운 마음이 가벼워지고 주거니 받거니 끈끈한 정이 오간다.

고기 굽는 냄새가 입맛을 당기지만 이 골목의 진미眞味는 '참새 방앗간'에 있다. 메뉴는 꽁치구이와 삶은 꼬막. 주방이 있을 테지만 종업원은 길가 문 앞에서 연탄불에 석쇠를 얹고 연신 꽁치를 구워댄다. 생선에서 흘러내리는 기름이 불 위에 떨어지면서 지지직거리니 비릿하면서도 고소한 냄새가 온 골목에 퍼진다.

20여 평쯤 되는 식당은 젊은이로 발 디딜 틈 없이 꽉 찬다. 다닥다닥 붙은 식탁과 등받이도 없는 플라스틱 의자에 앉아 참새처럼 재잘거린다. 실컷 떠들어대지만 아무도 예민하게 반응하지 않는 것 같다. 옆 사람 얘기가 내 이야기가 될 수 있는 공통분모가 있어서일까. 이 진풍경을 구경하느라 발길을 멈추다시피 천천히 걷는다. 표정과 몸짓이 영락없이 수다스럽게 짹짹거리는 참새 같다.

손님이 많아지니 궁여지책으로 지붕 아래 비닐을 덧대고 문밖에 식탁을 늘어놓는다. 비가 오면 비닐 아래로 비가 줄줄 흘러내려 발 아래로 떨어진다. 그 젖은 신발을 보면 착잡하고 안쓰러운 연민이 느껴진다. 뜨거운 가슴에 녹록지 않은 시대를 살아가는 젊은이의 고민과 아픔이 전해져 온다.

밖에선 여럿이 자리 나기를 기다린다. 얄팍한 호주머니 사정으론 그나마 이곳이 제격일 성싶다. 아무런 실내장식도 없고 느낌뿐인 이 참새 방앗간이 편안한 휴식 공간이 되나 보다. 구운 꽁치 몇 마리와 꼬막 삶은 양은 냄비를 앞에 놓고 실컷 청춘과 사랑과 인생을 논하는 젊은 그들!

아마 답답한 현실의 어려움을 털어놓겠지. 연애, 직장, 결혼, 품고 있는 꿈이 뜻대로 이뤄지지 않아 아예 포기하고 싶고, 기성세대와의 갈등도 만만치 않은 현실을 실토할 것이다. 그래서 억울하고 미래가 불안하다고 서로 하소연하겠지.

김치 한 접시와 비릿한 꽁치구이를 나눠먹는 그들의 몸부림이 처량해 보인다. 아직 인생의 쓴맛 단맛 짠맛을 알기엔 연륜이 짧지만 하고픈 말이 참 많을 것이다. 나도 젊은 시절엔 그랬으니까.

오늘은 영하 10도. 세찬 바람이 불어대 체감온도는 더 낮다. 지하철에서 내려 잽싼 걸음으로 참새방앗간 쪽을 향해 걷는다. 그곳에 가면 젊은 체온으로 훈훈한 기운이 감돌아 마음이 따뜻해질 것 같아서다.

그런데 웬일일까. 썰렁하다. '포르르, 포르르' 골목을 누비던 그 많던 참새들이 보이지 않는다. 추위에 어쩔 수 없이 일찍 집으로 들어간 걸까. 경기가 안 좋아 주머니가 얇아졌나. 갑자기 허전함이 밀려온다. 친구 만나러 갔다가 허탕 친 기분이다. 마음이 짠하다.

하여, 오늘은 내가 참새들 대신 그들 자리에 앉아 꽁치구이를 주문한다. 짭조름한 꼬막도 까먹으며 쓸쓸함을 삭인다. 묻어둔 얘기도 나눈다. 나와 마주 앉은 나와 함께. 밤이 이슥한 참새 방앗간에서.

양, 아낌없이 주고 간

교회 몽골 선교팀에서 봉사하는 일행과 몽골을 방문한 적이 있다. 계곡과 초원에서 풀을 뜯는 양 무리를 보니 유목민족임이 실감 난다. 목적지에 도착하여 희고 둥근 몽골 가옥 게르 안에 여장을 푼다. 들꽃이 만발한 언덕과 침엽수로 우거진 숲을 보니 피곤이 싹 가신다.

이곳은 풍경도 아름답지만 특별한 체험을 할 수 있다. 양을 잡는 과정을 볼 수 있고 그 양으로 요리를 해준다. 숙소 관리인 부부가 어느새 양 한 마리를 사서 승용차 트렁크에 싣고 와 땅바닥에 털썩 내려놓으며 거칠게 다룬다. 양 앞다리는 오는 중에 풀렸는지 뒷다리만 묶인 채 양은 두려움에 찬 눈으로 주위를 살피며 숨을 가쁘게 몰아쉰다.

바로 그때, 주위가 왁자지껄하며 아수라장으로 변한다. 비스듬히 누워있던 양이 벌떡 일어나 쏜살같이 내뺀 것이다. 눈 깜짝할 사이 뒷다리가 풀어져 일어난 일이라 속수무책이다. 현지인들은 아이들까지 소리지르며 뒤쫓는다. 양은 이리저리 헐떡거리며 빠져나갈 틈을 찾는다.

관광객도 함께 둥근 원을 만들어 양을 궁지에 몰아넣고 포위망을 좁혀가며 몰아세운다. 위기에 처해 어찌할 바 모르고 우왕좌왕하는 모습이 불쌍하다. 순간, 양은 도망갈 빈틈을 요리조리 살피더니 용케 빠져나가 계곡을 건너뛰어 침엽수가 빽빽한 산속으로 사라진다.

몇 명이 뒤쫓아 가다가 허탈한 표정으로 돌아온다. 양 한 마리 값이 이들 한 달 수입의 상당 부분을 차지한다니 그럴 수밖에…. 하지만 차라리 잘된 일이다. 애초에 양고기를 먹고 싶지 않았고 양이 피를 흘리는 광경을 더더욱 보고 싶지 않았다. 길을 잃고 헤매다 사나운 짐승에게 잡혀 먹히지나 않을지 마음이 쓰인다. 가끔 그런 일이 있다고 한다.

구름이 몰려오면서 날이 어두워진다. 게르 안에서 쉬고 있는데 갑자기 밖이 소란하다. 미련을 버리지 못한 현지인이 숲속을 지켜보다가 한 마리 양을 발견한 것이다. 멀리 가리키는 쪽을 바라보니 하얀 물체가 움직이는 게 아까 그 양이 분명한 것 같다. 왜 멀리 달아나지 못했을까. 남자 둘이 말을 타고 기세 좋게 숲을 향해 달리더니 잠시 후 양을 품에 안고 돌아온다. 마음이 착잡하다.

곧바로 풀밭에 눕혀놓고 능숙한 손놀림으로 양을 분할한다. 칭기즈칸이 고안한 방법으로 피 냄새를 맡고 매들이 몰려오면 적군이 아군 있는 곳을 알게 될까 봐 피를 많이 흘리지 않게 잡는다고 한다. 그렇다고 어찌 피 한 방울 흘리지 않겠는가. 그 고생을 다하고 잡혀와 이렇게 죽임을 당하니 양의 눈동자가 자꾸 어른거린다.

검은 매 한 마리가 공중에서 빙빙 선회하고 있다. 한 남자가 고기 조각을 던져주자 잽싸게 낚아채어 허공으로 사라진다. 구경꾼들이 신기한 듯 박수를 친다. 이번에는 두 마리가 빙빙 돌다가 기다렸다는 듯 낚아챈다. 포식했는지 다시 돌아오지 않는다.

해가 산 너머로 지고 짙은 어둠이 몰려온다. 추워지고 바람도 불어댄다. 이윽고 몽골 여자가 삶은 양고기를 큰 그릇에 가득 담아 우리 일행이 있는 게르 안에 들어온다. 김이 모락모락 피어오르고 구수한 냄새가 코를 간지럽힌다. 관광객에게 말 태우기 일을 하는 아저씨의 세 아이들과 관리인 가족은 모두 맛있게 고기를 먹는다.

버둥대던 양의 모습이 떠올라 먹고 싶은 생각이 없지만 조금 맛보니 누린내는 나지 않는다. 게르 안이 훈훈해지고 즐겁고 넉넉해 보인다. 양고기 식사가 끝나고 남은 고기를 싸서 아이에게 주니 수줍은 미소를 지으며 받는다. 어둠 속에서 다섯 식구가 산 아래 집으로 내려가며 손을 흔든다.

억울하게 붙잡혀 식탁에 오른 불쌍한 양. 예리한 칼로 난도질하는 광경을 보지 않았어야 한다. 태어날 때부터 유순하고 순종하는 양은 젖과 살, 털과 가죽, 심지어 피까지도 희생의 제물로 다 주고 가도록 운명 지어진 걸까. 흰 양이 아니었다면 검은 양이 잡혔을 것이고 초원에서 풀을 뜯는 양은 이렇게 죽어갈 테니….

하면, 신은 양 같은 동물에게만 이런 삶을 살게 했을까. 아니다. 인간에게도 그렇게 살라 했거늘.

몽골의 밤은 종잡을 수 없이 변화무쌍하다. 밖에 나오니 구름이 걷히고 별이 총총하다. 이내 빗방울이 떨어지더니 빗줄기가 거세진다. 억수 같은 비가 얇고 낮은 게르의 천장 위로 퍼붓는다. 내 얼굴 위로 쏟아질 것만 같다. 잠이 오질 않는다. 양의 선한 눈망울이 떠오르다 사라지곤 한다. 무엇 하나 남김없이 완벽하게 다 주고 간 그 양이.

나를 반추한다. 가족과 이웃을 위해 마음뿐 베풀지 못하고 살았다. 매사에 편한 길을 찾고, 남을 배려하며 희생하는 역할을 감당하려 하지 않았다. 이타적 삶이 주위 사람을 행복하게 하는 것을 오늘 밤 양고기 식사를 통해 절감한다.

양, 남은 자가 행복하도록 아낌없이 주고 간 양의 부드러운 울음소리가 들리는 듯하다.

태어날 때부터 유순하고 순종하는 양은 젖과 살, 털과 가죽, 심지어 피까지도 희생의 제물로 다 주고 가도록 운명 지어진 걸까. 신은 양 같은 동물에게만 이런 삶을 살게 했을까.

소리 없는 절규

올가을 단풍은 유난히 붉다. 붉다 못해 핏빛이다. 눈으로 즐기기엔 붉은 색소의 발현 현상이 너무 자극적이다. 어떤 내면의 참을 수 없는 감정이 터져 나와 있는 힘을 다해 소리치는 것처럼.

단풍은 자연의 신비한 작용으로 만들어진다. 식물의 잎은 엽록소 외에 황색과 붉은색 색소를 갖고 있다. 나무가 왕성하게 자라는 봄 · 여름에는 엽록소가 햇빛과 합성해서 녹색을 띠지만 날씨가 서늘해지는 가을엔 잎자루에 코르크처럼 단단한 세포층이 만들어져 수분 공급이 차단된다. 따라서 엽록소의 합성도 멈춘다. 이때 황색을 띠는 카로티노이드와 붉은색을 띠는 안토시안이라는 보조 색소가 분해를 시작하고, 그중 안토시안 성분이 늦여름부터 생성되어 잎에 붉은색으로 축적되는 게 단풍이라고 식물학자는 말한다.

빨갛게 타오르는 단풍을 보니 널리 알려진 그림 하나가 떠오른다. 노르웨이 표현주의 화가 에드바르 뭉크의 <절규Scream>다. 선홍색으로 물든 석양과 핏빛으로 불타는 구름을 배경으로 뼈만 남은 얼굴을 한 사람이 다리 난간에 기대어 두 손으로 귀를 막은 채 입을 벌리고 서 있다. 날카로운 비명소리가 들리는 듯하는 이 작품을 뭉크의 자화상이라고 말하는 사람들이 많다.

뭉크의 삶은 불안과 두려움의 연속이었다. 어린 나이에 부모를 여의고 잇따라 어머니처럼 돌봐주던 누나와 동생도 세상을 떠나고, 다른 여동생은 정신병원에서 요양한다. 뭉크도 류머티즘과 열병에 시달리고 첫사랑도 실패한다. 설상가상으로 그의 분신이라 할 수 있는 그림들이 오슬로 미술관에서 도난당하는 일이 생기자 신경쇠약증에 걸리고 만다.

그를 가장 괴롭힌 것은 죽음에 대한 공포다. 가족을 잃은 상실감으로 절망적인 심리상태가 된 우울한 기분이 <절규>에 그대로 나타난다. 이 그림은 뉴욕 맨해튼 소더비 경매에서 1억 1992만 달러약 1,390억 원라는 당시 최고가로 낙찰돼 세계인을 놀라게 한다.

집안 어디에도 걸어놓을 수 없을 만큼 강렬한 이 그림에 사람들은 왜 매료당할까. 그것은 불안에 시달리는 현대인의 공감을 끌어냄과 동시에 인간 실존에 대한 고뇌로 소리 없는 절규를 하며 살고 있는 너와 나의 모습을 표현했기 때문이라고 미술평론가는 말한다.

<절규>를 보고 있노라면 한 여인의 모습이 오버랩된다. 남루한 옷에

붉은 머리카락을 흐트러뜨린 채 금방이라도 쓰러질 것 같은 여인, 높은 저택의 불 꺼진 창문 앞에서 한 남자의 이름을 처절하게 소리쳐 부르는 여인, 프랑스 여류 조각가 카미유 끌로델이다.

그녀는 당대 최고의 조각가 오귀스트 로댕의 조력자 겸 모델이었고 제자였다. 그리고 연인이었다. 뛰어난 재능과 아름다운 외모는 로댕을 사로잡기에 충분했다. 그녀 역시 24년이나 연상인 로댕의 매력에 빠져 열정을 다 바쳤지만 용납될 수 없는 사랑은 비극적 삶을 초래했고, 세상의 시선은 그녀를 작품으로 평가하기보다 스캔들을 만든 여성으로 보았다.

딸이라는 이유로 태어날 때부터 어머니의 사랑을 받지 못하고 자신을 격려해주던 남동생마저 카미유를 외면한다. 뜨거운 정열과 순수한 영혼을 가진 예술가일 뿐인 그녀는 사랑과 배신, 사람들의 시기, 전시회 실패, 그리고 철저한 외로움과 경제적 고통으로 소리치기 시작한다. 결국 자신에게 일어나고 있는 이 비극적 현실을 감내할 수 없는 지경에 이른다.

이해할 수 없는 삶의 모든 것을 가슴속 핏빛 절규로 묻어둔 채 30년간이나 정신병원에 수용되었다가 숨진 불쌍한 여인, 그녀는 시인이며 외교관이던 남동생 폴이 찾아올 때마다 자유를 찾게 해달라고 애원한다. 결코 미치지 않았고 영감이 샘솟아 작품을 만들 수 있으니 제발 병원에서 내보내달라고 하소연한다. 하지만 아무도 그녀의 부르짖음을 듣지 않는다. 가족도, 동력자도, 로댕도 눈을 돌린다. 지옥 같은 철창 안에서 끓어오르는 열정을 안고 천재 조각가는 참혹하게 시들어간다.

파리 로댕 미술관에 들어선다. 정원에는 <생각하는 사람>, <칼레의 시민들>, <발자크 상>이 있지만 <지옥의 문>은 압도적이다. 이 작품은 로댕이 카미유와 공동 제작한 조각품으로 그중 그녀가 표현한 고통 받는 사람들 부분이 뛰어나다는 평을 받는다. 1층에 있는 거대한 대리석 조각 두 남녀의 <입맞춤>을 보니 가슴이 저려온다. 한때는 열렬히 사랑했을 그들. 로댕은 그녀로부터 많은 영감을 받는다.

로댕과 그녀의 작품이 전시된 2층으로 올라간다. 생전에 그토록 스승과 함께하고 싶었을 텐데…. 더구나 이 미술관은 로댕의 집을 꾸민 것이니 작품이나마 그와 한 방에 있을 수 있음이 마음속 절규를 조금은 잠재워 주리라. 우아하고 섬세한 그녀의 작품은 슬픔과 안타까움과 감동을 준다.

나는 카미유의 <중년L'Age Mur> 앞에서 떠날 줄 모르고 서 있다. 한 남자와 두 여자. 왼쪽은 나이 든 여자가 늙은 남자를 두 손으로 감싸 안으며 끌고 가려 하고 오른쪽은 젊은 여자가 무릎을 꿇고 남자의 손을 잡으려고 하지만 붙잡지 못해 허공을 맴돈다. 애원과 탄식이 묻어난다. 로댕과 부인 로즈 뵈레, 그리고 카미유 자신의 모습이다. 망치로 돌덩이를 깨뜨려가며 이 작품을 만드는 동안 그녀는 얼마나 진한 핏빛 절규를 토해냈을는지 가슴이 뭉클하다.

살아 있음은 이렇듯 소리 없는 절규의 연속인가. 뭉크, 끌로델, 아니 우리 모두는 마음속에 절규 하나씩 안고 오늘도 바쁘게 오가며 살아가는 것 아닌지….

붉디붉은 단풍을 본다. 무르익은 가을날, 홍도에 가고 싶다. 노을이 저 단풍처럼 바다를 핏빛으로 물들게 하는 그곳에서 실컷 외치고 싶어서다. 내 가슴 속에도 가을 인생의 '안토시안' 성분이 늦여름부터 가득 차 있기에….

멘델스존을 들으며

라디오에서 멘델스존의 바이올린 콘체르토 선율이 흘러나온다. 음악을 들으니 추억이 떠오르지만 예전만큼은 설레지 않는다. 오랫동안 서가에 보관해 둔 멘델스존 LP 음반을 바라본다.

파리 유학생이었던 남편과 편지를 교환하던 중 그는 어떤 음악을 좋아하는지 물었고 나는 멘델스존 바이올린 콘체르토 E단조라고 답했다. 이내 두툼한 소포가 왔다. 음반을 싼 포장지를 한 겹 한 겹 뜯으면서 가슴 뛰었고 그후 수없이 이 곡을 들었다.

남편은 거실에서 책을 보고 있다. 나는 주방 일을 하며 "음악 듣고 있어요?"라고 말을 건넨다. 남편은 "아, 멘델스존?"이라고 한마디 하고는 아무 말이 없다. 시선을 창밖 먼 하늘에 던지는 듯싶다. 수십 년이 지난 지금, 남편은 그 음악을 들으며 무슨 생각을 하는지 궁금하다. 한 가지

분명한 것은 그도 나도 그때처럼 가슴이 뛰지 않는다는 것이다.

러시아의 대문호 알렉산드르 푸시킨의 운문소설 『예브게니 오네긴』 제7장에 나오는 "그러나 늙고 무력해져 인생의 전기를 맞으면 죽어버린 정열의 흔적이 서글프다"라는 구절이 떠오른다. 하면 40여 년 넘게 동고동락해온 우리 부부의 사랑도 서글픈 흔적뿐일까.

영국 시인 윌리엄 워즈워스의 「무지개」라는 시가 생각난다. 무지개를 보고 가슴 뛰었던 어릴 때처럼 "늙어서도 그러하려니"라는 구절이다. 시인은 순수했던 어린 시절에 느꼈던 자연에 대한 사랑이 평생 변하지 않기를 바란다.

종종 친구들이 모이면 10년만 젊어도 좋겠다고 한다. 10년 세월이 몽땅 다 그리운 것이 아니라 가슴 뛰며 행복해했던 시간을 못 잊어하는 말일 게다. 한편 그런 시절이 다시 올 것 같지 않은 아쉬움도 있지만 삶의 고비마다 버티게 해 준 사랑의 힘이 그리워서일 것이다.

하나님, 이웃, 가족의 사랑 없이 단 하루인들 견딜 수 있을까. 마음속에 빛은 사라지고 우울감에 힘이 빠질 것이다. 사랑의 촛불을 밝히며 살아야 할 이유다. 직장에 나가 고된 일을 하고 애써 자녀를 양육하는 것도 가슴속에 사랑이 있고, 그 힘으로 거친 세상을 헤쳐 나갈 것이다.

풍요로운 삶 또한 사랑에서 이뤄진다. 기다림, 만남, 배려, 따뜻함, 희망 같은 어떤 것보다도 사랑이 얼마나 잃고 싶지 않은 감정인지 모른다. 지금 당장 세상을 떠난다 해도 여한이 없는 사랑이 있다면 더 바랄 게 없을 것이다.

원로작가 김홍신은 소설 『바람으로 그린 그림』을 출간하면서 "괴로울 때마다 명상하고 면벽 수행을 해봤는데 결국 가슴에 크게 남는 건 사랑이라는 말이었다."라고 소감을 말한다. 고통을 이기는 힘도 바로 사랑에서 나온다.

수백 년 전 우리 선인들도 진솔한 사랑 이야기를 시 · 편지 · 그림 같은 작품에 표현하여 가치 있는 유산으로 남겼다. 수많은 세계 명작의 주제가 결국 사랑인 것을 보면 인간에게 사랑은 영원한 숙제임이 틀림없는 것 같다.

옛사랑을 다시 찾아야겠다. 심장을 다시 뛰게 할 원천이 마음속 우물에 침잠해 있으니 다시 길어 올려볼 생각이다. 나이 들수록 몸과 맘이 아프고 함께 살날이 길지 않으니 더욱 사랑해야 하지 않겠는가. 멘델스존을 듣고 또 들으며 가슴 뛰던 때를 기억하면서.

결국 인생은 사랑이지 싶다. 오랫동안 서가에 꽂아뒀던, 파리에서 보내준 멘델스존의 LP 음반을 꺼낸다. 살포시 안으니 가슴속에 애달프고 감미로운 사랑의 선율이 흐른다.

비둘기의 비상

강변길을 걷는데 갑자기 퍼덕이는 소리가 난다. 가까이 가보니 비둘기 한 마리가 버려진 낚싯줄에 엉킨 채 버둥거린다. 비둘기는 힘이 빠졌는지 죽은 듯 있다가 다시 힘겹게 퍼드덕거린다.

연회색 날개가 파르르 떤다. 얼마나 퍼덕댔는지 줄이 몸통을 더 죈 듯싶다. 초롱초롱한 눈망울이 살려달라고 애원하는 것 같아 몹시 안쓰럽다. 얽맨 줄을 조심스레 풀어주자 푸드덕 소리를 내며 날개를 치고 힘차게 날아간다. 비둘기가 그렇게 높이 나는 것을 처음 본다.

몽골의 사냥매는 사냥시킨 지 3년이 되면 다리에 흰 리본을 매달아 날려 보내는데, 인간에게 봉사한 매니 이젠 푸른 하늘로 날아가 자유롭게 살라는 표시라고 한다. 장자莊者는 "택치십보일탁, 백보일음, 부기축호번중澤雉十步一啄, 百步一飮, 不祈畜乎樊中"이라 했다. 늪지의 꿩은 열 걸음에 한 입 쪼아 먹고, 백 걸음에 한 모금 마실지라도, 새장 안에서 길러지기를 바라지 않는다는 말이다. 사람이나 동물이나 자유를 원하는 것은 마찬가지다.

하지만 사는 것 자체가 무엇엔가 얽매이는 것. 아이는 아이대로 어른은 어른대로 너나없이 보이지 않는 줄에 매여 산다. 크든 작든 그 부담은 곧 구속감으로 느껴져서 소중한 일상을 매인다고 생각하기 쉽다. 어느 정도의 제약이나 규약 없는 일상은 무절제의 길로 갈 수 있을 텐데.

건강 정보도 그렇다. 어느 장단에 춤을 춰야 할지 모를 지경이다. 건강 보조 식품을 꼭 먹어야 하는지, 어떤 운동으로 몸을 관리해야 하는지, 그대로 따르지 않으면 금방이라도 건강을 잃을 것만 같다. 밥상이 보약이 되게 차리라고 부추기는 것도 주부로서는 부담이다. 먹을거리는 생산지와 가까울수록 좋다는데 텃밭도 없고 유기농 채소를 사 먹자니 가계에 부담이 된다. 일반 채소는 매번 불순물을 희석하고 여러 번 씻어야 하니 번거롭다. 정보의 홍수 속에서 순발력 있게 따라가지 못하는 것도 나를 얽어매는 줄인 것은 분명하다.

게다가 스스로 나를 조이는 게 있다. 인간관계의 갈등과 녹록지 않은 세상살이는 나를 내가 만든 틀에 갇히게 한다. 영국 작가 서머셋 모옴의 대표작 『인간의 굴레』를 읽는다. 아홉 살에 고아가 된 필립 케어리가 백부의 집에 살던 소년기부터 청년기까지의 체험을 쓴 성장소설이다.

필립은 여러모로 속박에 매여있다. 다리 불구라는 신체적 결함, 불행한 가정환경과 경제적 어려움, 미래의 꿈에 대한 집착, 목사가 되기를 원하는 숙부와 교장선생님의 종교적 속박이 반평생에 얽힌다. 그가 사귀고 지냈던 여인들도 평생 필립에게 사랑과 고뇌를 안겨준 굴레가 된다.

필립은 주어진 구속에서 탈출하려 노력하면서 인생의 새로운 진리를 깨닫는다. 삶 자체가 피할 수 없는 굴레인 것을. 굴레가 조여질 때마다 하나씩 하나씩 풀어가면서 살아야 하는 것을. 굴레를 풀어내기 위해 몸부림치는 그 힘으로 사는 것이 인생인 것을.

자전적 소설인 이 작품을 쓴 서머셋 모옴의 일생도 속박 그 자체였음을 고백한다. 그는 "이 작품을 세상에 내놓았을 때 나는 과거의 슬픔과 불행의 추억에서 영원히 해방되었다. 그리고 독자를 즐겁게 해 주고자 쓴 것이 아니라 참을 수 없는 것으로부터 나 자신을 해방시키기 위해 쓴 것이다."라고. 결국은 모든 굴레를 마음속 깊은 곳에서 풀어낸다.

송준용 시인의 「넥타이를 매면서」를 읽는다. "그 질긴 끄나풀로 얼마나 많은 나를 묶고 구속해 왔던가"라고 쓴다. 정년퇴임을 한 중년 남자가 장롱 속에 걸린 넥타이를 보며 직장생활에서의 긴장과 얽매임의 심정을 쓴 것이다. 직장을 굴레로 느꼈겠지만 그때가 가장 활기찬 기간이 아니던가.

강가에 제법 바람이 분다. 아직 한겨울처럼 세찬 바람은 아니지만 한 남자가 두 손으로 얼레를 돌리며 연을 날린다. 연은 꼬리를 휘날리며 하늘 높이 훨훨 날아오른다. 마치 구속으로부터 자유를 바라는 발버둥처럼 보인다. 얼레에 감긴 연줄을 벗어나고픈 욕구가 강할수록 연은 더 힘차게 하늘을 난다.

낚싯줄에 감긴 비둘기처럼 벗어나려고 몸부림치는 그 힘으로 사는 것, 그 힘으로 비상飛翔하는 것이 인생이다.

쥐눈이콩의 기적

새싹채소가 건강에 좋다는 말을 듣고 콩나물을 키우고 있다. 어렸을 적 어머니가 콩나물 키우시는 것을 보았을 땐 별 것 아닌 것으로 여겼는데 내가 해보니 기적으로 보일 만큼 새롭고 신기하다.

마침 바닥에 구멍 난 질그릇이 있어 콩나물 키우는 시루로 쓴다. 그릇 안에 새까맣고 빤질빤질 윤기 나는 쥐눈이콩을 한 줌 넣는다. 검은 천으로 덮은 뒤 하루 서너 번씩 물만 주면 된다. 1주가 지나도 딱딱한 채 그대로 있다가 2주째는 껍질이 부드러워지고 3주가 지나면 올챙이처럼 생긴 노란 싹이 튼다. 거의 한 달이면 껍질은 콩나물 머리에만 붙어 있고 하얗고 통통한 줄기가 쑤욱 올라온다. 시루가 터질듯해 탄성이 절로 난다.

대단한 잠재력이다. 한 알의 아주 작은 콩이지만 무시할 수 없다. 밥에 넣어먹거나 청국장을 만들 땐 별로 느끼지 못했다. 영양제나 성장촉진제를 준 것도 아니고 물만 끼얹은 것뿐인데 시루를 가득 채우며 수북이 자란다.

콩 씻을 때 수채통으로 몇 알을 흘려보낸 게 아깝다. 그게 상상할 수 없을 만큼 위대한 생명인 것을 깨닫지 못하고 하찮게 여겼으니…. 영국의 초기 낭만파 시인 윌리엄 블레이크의 시 「Auguries of Innocence, 1-4」가 생각난다.

한 알의 모래에서 한 세계를 보고
한 송이 들꽃에서 천국을 보고
그대의 손바닥에서 무한을
그리고 한 순간에서 영원을 붙든다.

모든 사물을 현상으로만 보지 말고 본질을 보는 것이 중요하다는 뜻 아닐까. 무한한 상상력에 의한 신비적 자연관을 표현함으로써 깊은 의미와 감동을 준다. 이 구절을 읽을 때마다 성경 말씀에 나오는 겨자씨 비유가 생각난다.

농부는 이 시를 어느 정도 쉽게 이해할 듯하다. 작은 것이 거대한 것을 품고 있음을 늘 체험할 수 있기 때문이다. 아주 작은 씨앗 한 톨이 생명을 꿈틀거리며 엄청난 결과물을 이뤄내지 않는가.

마른 씨앗 한 개를 땅속에 묻었을 뿐인데 싹이 돋고 자라서 감당할 수 없을 만큼 열매를 맺는다. 자연과 우주의 경이로운 비밀이 숨겨져 있다. 한 알의 쥐눈이콩 역시 생명을 기적처럼 피워 올린다. 그 기적의 경이감과 신비함을 다 알 순 없지만.

미국의 심리학자 앤서니 라빈스의 『네 안에 잠든 거인을 깨워라』라는 책을 읽는다. 우리 내면에 잠재한 씨앗 한 톨만한 능력을 최대한 발휘하면 삶을 바꿀 수 있다는 내용이 한 부분 들어 있다. 능력을 갖고 있으면서 불행하게 살거나 무슨 일을 결단하고 즉시 행동으로 옮기지 못하고 망설이는 사람이 많다는 것이다. 좌절감과 문제를 극복하지 못한 채 살아가는 이유를 제시한다.

누구나 살다 보면 문제에 부딪친다. 아니 문제 없는 삶은 없다. 하지만 문제만 엄청나게 커 보이고 그것을 해결해야 할 '나'는 너무 작아 보여 헤매는 것이다. 더구나 나 자신이 다른 사람에게 기운을 북돋아 주거나 감동을 줄 수 있으리라는 생각은 아예 하지 못한다. 낮은 자존감 때문이다.

가끔 의기소침해질 때가 있다. 초라하고 보잘것없는 것 같다. 그래서 의미 있는 삶을 살고 있는지 나에게 묻곤 한다. 하지만 쥐눈이콩을 키우면서 하나님은 나를 쥐눈이콩보다는 더 소중한 생명의 존재로 만드셨을 거라고 믿는다. 내가 작은 콩알 하나를 버리기 아까워하듯 하나님은 아주 작은 나를 결코 버리지 않으실 거라고….

미국 시인 월트 휘트먼은 "나는 풀잎 하나도 별들의 운행에 못지않다고 믿는다"라고 쓴다. 쥐눈이콩을 키우며 깨끗한 콩나물뿐 아니라 생명의 기적을 볼 수 있어 좋다. 무엇보다 어리석고 미약한 나, 그 존재의 소중함을 깨닫게 하니 더욱 감사하다.

채송화를 좋아하세요

채송화를 싫어하는 사람이 어디 있을까마는 나는 유별나게 채송화를 좋아한다. 작은 이 꽃이 눈에 띄면 그냥 지나치지 못한다. 한참 동안 꽃무리를 바라보는 것만으로도 행복감이 솟는다. 대문에서 현관까지 이어지는 자갈길 양쪽에 채송화로 어우러진 집에 살던 추억 때문일까.

흔하디흔하고 작디작은 꽃이 소중한 존재로 다가온다. 꽃의 원형이라 해도 무리는 아닐 성싶다. 어른 아이 할 것 없이 아무 꽃이나 그려보라 하면 이 꽃 모양을 그린다. 빨강 · 노랑 · 주홍 · 진분홍 · 연분홍 꽃잎과 대궁에 붙은 뾰족한 잎은 단순하고 완벽하다. 예쁘다.

백일 된 아기 모습 같다. 해맑은 얼굴과 고물고물 움직이는 손가락은 초여름 한창 물 머금은 채송화를 닮았다. 통통하게 젖살이 오른 백일 된 아기는 어느 한 곳 흠잡을 데 없이 몸의 균형과 순수함이 최고조에 이른다. 아기처럼 맑은 웃음 방실대는 작은 채송화는 나에게 큰 기쁨을 준다.

이렇듯 자부심을 가질 만한데 채송화는 자랑할 줄 모른다. 키 큰 친구들이 부럽지 않은가 보다. 봉숭아 · 백일홍 · 분꽃이 모여 수다를 피워도 조용히 듣기만 한다. 장미처럼 꽃밭 한가운데서 뽐내고 싶은 기색도 없다. 해바라기나 칸나를 보면 기가 죽을 텐데 그 아래서 배시시 웃는다. 시샘하거나 주눅이 든다면 그토록 귀여운 얼굴로 피어나지 못할 것이다. 작으면 작은 대로 주어진 자기 몫에 만족하며 자신 있게 사는 모습이다.

꽃밭에선 그래도 좀 낫다. 사람 발길이 닿는 곳에선 채일 것이 겁나는지 납작 엎드려 있다. 그렇다고 땅만 바라보지 않는다. 지구 상의 한낱 작은 것이 태양을 흠모하며 은밀히 교감하면서 생명력으로 쭉쭉 뻗어나간다. 자신을 사랑하나보다. 누구에게도 방해받지 않는 낮은 자리에서 조용히 만족하며 산다. 햇빛이 있을 땐 꽃을 피우고 흐린 날엔 그만 접는다. 도무지 불평이 없다.

채송화 같은 사람, 아니 채송화를 좋아하는 사람이라도 만나고 싶다. 어쩌다 "채송화를 좋아하세요?"라고 물으면 눈빛이 빛나며 미소 짓는 사람이 있다. 이럴 땐 그와 살짝 손이라도 잡고 싶다. 어떤 이가 마당에 넓은 터가 있는데 채송화만 심는다고 해서 얼마나 좋았는지 모른다. 기차역 꽃밭이나 공공건물 앞 큰 화분에 핀 채송화를 보면 꽃을 심은 사람이 고맙게 여겨진다.

만약 그를 만날 수 있다면 당장 찻집으로 함께 가고 싶다. 구면인 듯 반가워 서로 소개할 필요 없이 적어도 한 시간 이상 이야기할 수 있을 것 같다. 채송화를 좋아한다는 동질성과 채송화라는 예쁜 매개물이 오랜 친구처럼 스스럼없이 마음을 터놓게 할 것이다.

소박한 식사 대접에 성찬盛饌인 듯 고마워하거나 작은 선물을 받고 큰 의미를 찾아내는 사람, 낮은 자리에서도 감사하며 나서지 않고 조용히 옆으로 비켜서는 사람, 나보다 나은 사람을 시샘 없이 바라볼 수 있는 여유와 끈질긴 생명력을 가진 사람…. 아름답고 겸손한 채송화 같은 사람이다.

채송화를 좋아하면서도 이런 경지에 이르지 못함을 아쉬워하며 조용히 속내를 드러내 보이고 싶다.

나에게
손바닥만한 땅 있다면
채송화 심어
이 꽃을 좋아하는 이 불러
손벽치며 놀게 하리

나에게
밭 한 뙈기 땅 있다면
채송화 심어
마음에 이 꽃 담고 오는 이
무지개 아기꽃으로 큰 상 차리리

5장

가을, 나무처럼

피었다 지는 것이 자연의 질서라지만
몸을 흔들어 잎을 떨구는 모습은 서글프다.
뿌리와 등걸, 가지와 잎이 하나 되어
비바람을 견뎌냈지만
생존을 위해 헤어져야 할 시간이 온 것이다.

시와 꽃과 하늘을 사랑한 아버지

아버지,

며칠 후면 성탄절이에요. 해마다 어김없이 보내주신 예쁜 카드를 한 장도 버리지 않은 채 고이 간직하고 있어요. 낯익은 글씨로 또박또박 쓰신 카드마다 사랑을 듬뿍 담으셨지요. 부질없는 일인 줄 알면서 오늘도 몇 번이나 우편함에 손을 넣어보곤 합니다.

아버지가 천국 가시던 날, 비보를 듣고 LA 공항에 도착하자 가슴이 미어지는 것 같았습니다. 길 가엔 온갖 꽃들이 햇빛에 빛나고 있었지요. 아파트 승강기 벽에는 주민들이 생전의 아버지 모습을 담은 사진을 붙여놓았더군요. 뛰는 가슴을 안고 집에 들어갔는데 아버지가 보이지 않았어요.

그때서야 아버지께 상상할 수 없는 일이 일어난 것을 실감했습니다. 아버지가 계시는 곳에 갔어요. 검은 양복에 어버이날 선물로 드린 분홍

넥타이를 매시고 관 속에 누워계셨습니다. 금방이라도 일어나서 그리 먼 길을 어떻게 왔냐고 함박웃음을 지으며 저를 꼭 안아주실 것만 같았습니다.

아버지를 수없이 불렀지만 대답이 없었어요. 이야기하기를 얼마나 좋아하셨는데…. 기분이 좋지 않을 때나 문제가 생겼을 때, 아버지와 얘기하면 어느새 스르르 풀어졌어요. 언제나 어디서나 피스 메이커이셨죠. 그래요. 아버지만 곁에 계시면 세상에 어려운 일이 하나도 없을 것 같았습니다.

아버지는 시를 좋아하셨습니다. 고국이 그리울 때마다 어머니와 함께 산타모니카 해변에 가셨지요. 얼마나 고향이 그리우셨을까요. 고향생각이 나서 어찌할 줄 모를 때, 가슴 저미는 시를 꽃다발에 엮어 태평양 물결에 띄우셨다죠.

초등학교 다닐 때였습니다. 개학은 다가오는데 동시 짓기 방학숙제를 못해 아버지를 졸랐지요. 아버지는 저를 무릎에 앉히고 읊으셨어요. "나는 메주이지요. 섣달그믐 추운 날 네모지게 만든 못생긴 메주이지요. 시렁 아래 매달려 추운 밤 지낼 적에 먼데서 멍멍개 짖는 소리 들리지요." 술술 읊으시는 것을 열심히 받아쓰고 '메주'라고 제목을 붙였는데 선생님께서 교실 문예란에 붙여주었어요. 그땐 정말 흐뭇했습니다.

아버지는 꽃을 참 좋아하셨습니다. '똑똑똑~' 노크 소리가 나면 우리는 대문을 향해 달려갔어요. 오늘은 무슨 꽃을 사 오셨을까? 그러면 그렇지. 와! 해당화다! 해당화 꽃이 피고, 접시꽃, 칸나, 채송화가 마당에 가득했지요. 그렇게 온갖 꽃이 어우러진 작은 집이 좋았지만 어머니는 좀 힘드셨던 것 같았어요. 교사 월급에서 꽃값, 책값 등을 떼 내니 생활비는 빠듯했겠죠. 어머니는 가끔 "너희 아버지는 천하태평이신 분이야."라고 곱게 눈을 흘기면서도 기쁜 표정을 숨기지 못하셨습니다. LA 아파트 옆 빈 땅에도 꽃을 심고 물을 주며 정성껏 가꾸셨어요. 언젠가 아버지 찾아뵀을 때 선인장 꽃이 핀 그 꽃밭 앞을 함께 걸으며 얘기를 나눴던 일 생각나시죠?

어떤 이는 아버지가 비현실적이고 이상을 추구한다고, 그래서 세상 물정에 어둡다고 할지도 모르겠어요. 좀 더 잘 먹고 잘 입고 살 수 있음을 안타까워하면서…. 맞아요. 하지만 아버지는 어떤 것이 잘 살고 아름답게 사는 것인지 알게 해 주었습니다. 현실을 받아들이고, 삶의 미덕을 찾아 욕심 없이 살아온 천성이 고운 분이죠.

우리는 아버지가 의미 있는 삶을 살다 가심을 깨달았습니다. 열심히 학생들을 가르치면서도 전근 가는 곳마다 기독학생회를 조직해서 성경을 가르치고, 적십자 단체를 만들어 사랑의 정신을 키웠습니다. 봉사하는 것을 좋아하시고 한 알의 씨를 뿌리기에 여념이 없었어요. 대통령상으로 받은 은주전자를 우리 집 '가보'라며 행복해하시던 모습이 눈에 선합니다.

또 아이들을 무척이나 좋아하셨죠. 생각해 보면 아버지 마음이 아이처럼 순수하고 맑기 때문일 거예요. 해당화 꽃이 지고 나면 주황색 단단한 열매가 맺히듯 장성한 제자들 가운데 몇 명이라도 열매를 맺었으리라 믿어요. 아버지를 더욱 사랑하고 이해하고 격려해드리며 살지 못한 것이 후회됩니다.

장례식에서 아버지가 가장 사랑하는 사람들이 찬양을 불렀습니다. 아버지가 밤낮 손뼉 치며 즐겨 부르시던 찬송가죠. "내 평생소원 이것뿐 주의 일 하다가, 이 세상 이별하는 날 주 앞에 가리라. 꿈같이 헛된 세상 일 취할 것 무어냐, 이 수고 암만 하여도 헛된 것뿐일세" 처음엔 모두 울먹였지만 나중엔 아버지가 함께 불러주시는 느낌으로 마칠 수 있었어요.

찬송가 가사처럼 아버지는 일생 동안 세상 이별하는 날을 준비하며 살았습니다. 그렇다고 허무주의자는 아니었어요. 몇 걸음 걷다보면 다가올 죽음을 생각하면서 어떻게 살아야 하는지 생각하신 거죠. 삶을 사랑하면서도 돈과 명예는 순간에 지나지 않고, 가장 영원하고 고상한 것은 하늘에 있음을 알고 계셨습니다. 그래요. 하늘나라 소망이지요. 아버지, 고귀한 유산을 물려주셔서 고맙습니다. 세월이 갈수록 다른 것 소용없음을 깨달아요. 나중에 그곳에서 만나뵈어요.

아버지의 마지막 모습은 안식 그 자체였습니다. 굳게 닫힌 관을 뜨겁게 안아보았습니다. 긴 차량의 장례행렬이 이어졌어요. 다른 차들이 우리를 보내기 위해 비켜주더군요. 월셔 동산에 도착하자 끝없는 푸른 초원이 펼쳐졌어요. 6월의 타는 태양이 슬픔으로 절여진 저의 몸을 녹이는 듯했습니다. 눈물과 땀이 속옷까지 적셔도 까딱하지 않고 아버지의 관을 응시했어요. 곧 땅 속으로 자취를 감추고 말 그 큰 관을. 마지막으로 확인할 수 있는 아버지의 존재를.

가슴이 아팠습니다. 하관 시간은 다가오고 참석한 조문객은 꽃을 들고 있고…. 관이 천천히 내려가자 누군가 말했어요. 관 위에 흙을 뿌리지 말고 꽃으로만 덮자고요. 말이 떨어지기가 무섭게 어른 아이 할 것 없이 모두 꽃을 찾았어요. 화환의 꽃도 모두 뿌려졌지요. 예쁜 꽃 무덤이 만들어졌습니다.

바로 그때, 저는 온몸으로 느꼈어요. 아버지가 하늘에서 이 광경을 보시며 미소 짓고 계신 것을요. 어두운 관 속으로부터 눈부시게 찬란한 천국으로 올라가신 것을요. 표현할 수 없는 황홀감이 밀려왔습니다. 슬픔이 초원 너머로 사라져 가는 듯 마음이 평안해졌어요. 하늘에서 쏟아지는 빛이 그곳에 모인 사람들과 제 몸을 휘감는 듯했습니다.

시와 꽃과 하늘을 사랑한 아버지,

타국에서 그리워하시던 한국의 고향땅, 이젠 그보다 더 좋은 영원한 고향집에서 편히 쉬세요. 외출하면서 우편함을 열어봅니다. 혹시 하늘에서 온 금빛 크리스마스 카드가 있나 하고요. 바람은 싸늘한데 황금빛 햇살이 쏟아집니다.

아버지는 삶을 사랑하면서도 돈과 명예는 순간에 지나지 않고, 영원하고 가장 고상한 것은 하늘에 있음을 알고 계셨습니다. 하늘나라 소망이지요. 고귀한 유산을 물려주셔서 고맙습니다.

조선 여인 닮기

찌는 듯 무더운 한여름, 낮 기온이 30도를 넘는다. 설거지를 끝낸 뒤 대단한 일이라도 한 듯 휴우~ 한숨을 내쉬곤 선풍기를 튼다. 시원한 돗자리에 누워 책을 집어 든다. 『한국명작 단편선』. 어두웠던 1920년대 가난한 서민의 삶을 그린 작품들이다.

빙허 현진건의 '빈처貧妻'를 읽는다. 비 오는 날, 아내가 장롱을 열고 뭔가를 찾는다. 내일 아침거리가 없어 하나밖에 남지 않은 모본단 저고리를 전당포에 잡힐 심산이지만 그것마저 처분한 터라 장롱은 텅 비었다. 낙심천만落心千萬. 아내는 친정에서 혼수로 마련해 준 세간과 옷을 팔아 끼니를 해결한다.

남편은 외국으로 떠돌아다니다 작가가 되어 돌아온 지식인이지만 돈벌이와는 거리가 멀다. 친척들은 돈 한 푼 못 버는 주제에 문학가가 되려고 한다면서 비아냥거리지만 아내는 남편을 몰아치지 않는다. 속이 상하고 답답해서 부부싸움을 해도 막말은 하지 않고 잘 참는다.

밤늦도록 등잔불 아래서 책 읽고 글 쓰는 남편이 성실한 사람이며 언젠가는 이름이 세상에 빛날 것이라고 믿는다. 시집와서 남편 덕에 호강해본 적이 없지만 자신의 언행이 남편의 자존심을 상하게 할까 봐 조심한다. 신 한 켤레 사주지 못하는 남편을 생각해서 친정언니가 사준 가죽신을 보고도 지나치게 좋아하는 기색을 보이지 않는다.

평론가 김우종 교수는 「玄鎭健研究」에서 "작자가 '빈처'에서 그린 아내는 가난하지만 정신적으로는 결코 가난하지 않은 '현처賢妻'를 나타낸 것이다. (…) 이 작품은 그와 같은 여인상을 현대문학 속에서 재확인한 것이다."라고 평한다. 개화기 시대, 과거 역사 속에서 생활에 무능했던 선비들이 그래도 문화를 창조할 수 있었던 것은 배후에 숨겨진 현처들의 공로라는 것이다.

하지만 현대 여성이라면 생활에 무능한 남편을 받아들일 수 있을까. 산중에 들어가 약초를 캐서 팔거나 산나물, 더덕이라도 캐서 끼니를 해결하라고 닦달할 게 뻔하다. 정신적 여유가 물질적 빈곤을 따라잡을 수 있느냐고 항변할 것이다.

맛있는 음식이 생기면 남편 밥상에 올리느라 먹지도 못해 창백한 여인. 비단옷 다 팔아먹고 당목면唐木綿 옷을 입는 처지에 다른 여자의 사각거리는 비단옷 소리를 들어야 하는 여인. 병들었지만 조밥마저 굶기를 먹다시피 하며 약 한 첩 써본 일 없이 끝내 그토록 먹고 싶던 설렁탕 한 그릇 못 먹고 눈을 감는 여인. 책을 읽으며 마음이 착잡하다. 더위가 싹 가신다.

가부장적 남성 우월주의와 대가족제도에서 희생한 여인들이다. 실제로 신식 개화 청년과 교육을 받지 못한 구식 여성과 결혼하는 일이 많았고 이에 따르는 문제점일 것이다. 가난과 무지, 노동과 몰이해로 인한 고통을 감내하며 살면서 마음속 우울함이 얼마나 깊었을지 같은 여자로서 조선 여인들의 모습이 아프게 다가온다.

이러한 내면의 고통을 쉽게 밖으로 나타내지 않는 절제는 어디서 온 것일까. 억눌린 자존심의 역설적 발로인지 관습과 환경에 순응하는 착함 그 자체인지 아니면 앞서 평론가가 말한 대로 정신적으로는 결코 가난하지 않은 현처이기 때문인지 종잡을 수 없다.

어릴 적 외갓집에 놀러 가면 눈에 띄는 이웃 새댁이 있었다. 꽃처럼 아름다운 모습으로 결혼식을 올린 기억이 떠오른다. 그후 그녀는 밥하고 빨래하고 청소하는 일 외에 동네 우물에서 물 길어오고, 새참 내가고, 보리방아 찧고 바느질하며 대가족을 부양했다. 연약한 몸으로 끝없는 일을 묵묵히 해내는 그녀를 주위에선 현처의 미덕을 갖췄다며 칭찬했다. 그녀의 가슴속엔 꿈도 있고 좌절감도 느꼈을 텐데.

하지만 시대가 변했다. 특히 지난 10여 년간 한국 여성들의 위상이 혁명적이라 할 만큼 높아졌다. 여성 CEO가 늘어나고 법조계나 의학계 등

남성 위주의 분야에서 여성인물이 늘어나는 추세다. 능력도 뛰어나지만 사고의 변화가 놀랍다. 한 설문조사에서 여성이 생각하는 결혼 조건이 존중이나 사랑보다 경제적 능력이라는 통계가 나온다. 행복의 조건도 경제적 안정이라는 항목이 우위를 차지한다고 하니 물질만능시대의 현주소이기도 하다.

또한 너무 편한 세상이다. 여성이 탈출구 없는 인고의 세월을 살기엔 시대 상황이 비교할 수 없을 만큼 다양하다. 어디까지 물질의 달콤함과 편리함을 찾을지 혼란스러울 정도로 우리의 의식주는 편리해졌다. 이렇듯 풍요를 누리면서도 힘들고 재미없고 우울하다고 하지 않는가.

읽던 책을 덮는다. 솔직히 소설 속의 빈처나 외갓집 동네 새댁처럼 살 순 없을 것 같다. 하지만 뜨거운 물, 찬 물 나오는 편리한 아파트에 살면서 일상에 대해 불만을 갖는 것은 사치며 양심적이지 않고 불성실한 삶이라는 생각이 든다.

'빈처는 정신적으로 가난하지 않은 현처'라는 평론가의 지적에 공감하고 싶다. 점심 한 끼 해먹고도 힘들다고 푸념하는 나약하고 무기력해진 나의 정신건강 회복이 필요한 것 아닐까. 조선 여인 닮기다. 반만이라도, 아니 그 반의 반만이라도.

산세베리아의 남은 날

산세베리아. 깔끔하고 두꺼운 잎이 쭉쭉 뻗는 것을 보면 희망이 솟는다. 화초를 잘 키우지 못하지만 애착이 가는 화초이다. 오래전 음이온을 방출해 실내공기를 정화시키고 고사枯死하는 일이 별로 없다 해서 들여놓았다. 선인장처럼 열대지역에 서식하는 여러해살이 상록 식물이라 물을 자주 주지 않아도 된다.

화분이 가득 찰 만큼 자라서 더 큰 화분으로 분갈이한다. 정성껏 잎의 먼지를 닦으며 '사랑해!'라고 말한다. 사랑한다는 말을 자주 해주면 화초가 잘 자란다고 한다. 거의 2m에 이르니 받침대를 세우고 아랫부분을 가느다란 철사로 묶어준다. 얼마 있으면 천장까지 닿을 것 같아 신기하게 바라보곤 한다.

그런데 웬일일까. 얼마 전부터 산세베리아가 시들어간다. 힘차게 뻗어 오르던 잎이 맥없이 축 처지기 시작한다. 뿌리가 썩은 것 같진 않은데 이유를 알 수 없다. 중간 부분을 다시 끈으로 묶어도 소용없이 이리저리 비틀거리는 게 심상치 않다. 잎이 많아져 스트레스를 받는 것 같아 다시 큰 화분으로 바꿔야 할 것 같다.

마침 식물원 차가 왔다. 깔끔하게 분갈이 한 이웃집 벤자민을 보니 우리 것도 그리하면 되겠다 싶어 식물원 아저씨를 불렀다. 그는 화초를 요리조리 살펴보더니 대뜸 "아, 이건 안 되겠는데요. 수명이 다 됐어요."라고 말했다.

수명이 다 되다니 무슨 뜬금없는 말인가. 잘 좀 살펴보라며 애원하다시피 하니 그는 둘로 나눠 분갈이해도 소용없다고 말한다. 잘못 키운 것도 아니고 그저 식물의 수명이 다 돼서 그러니 다른 방법이 없단다. 어떻게 하면 되냐고 되묻자 그는 "그냥 그대로 두고 보세요."라고 말하면서 현관문을 나선다. 오랫동안 관상용 식물과 함께 살아왔다는 그의 말을 믿을 수밖에.

산세베리아가 측은하다. 전문가도 어찌해 볼 도리 없이 수명이 다 돼 잎이 없어질 때까지 보고만 있으라니 갑자기 허전해진다. 힘차게 위로만 향해 자라더니 아래로 고개 숙이며 밑동마저 흔들리니 마음 아프다. 나무에 수명이 있음은 알고 있었지만 화초 수명에 대해선 미처 생각지 못했다.

이제 내가 산세베리아에게 해줄 것이 무엇인가. 수명을 연장시키는 것은 내 능력 밖의 일이므로 살아 있는 동안 전보다 더 자주 사랑한다고 말해주고 깨끗이 닦아주며 보살필 일뿐이다. 지금 상태로나마 그대로 유지하기를 바라고 또 바라면서.

어머니의 모습이 떠오른다. 아흔이 넘었으니 아픈 곳이 많다. 허리와 관절 연골이 닳아서 통증으로 고통스러워하신다. 고령이라 수술도 어렵고, 약은 위에 부작용이 심하고 물리 치료 받으러 가기도 쉽지 않다. 멀리서나마 "그렇게 아파서 어떡하죠? 얼마나 힘드세요."라는 전화통화 뿐 속수무책이다. 자식도 어쩔 수 없다. 외로움, 질병, 고통에 대한 대처는 어머니 스스로 감당할 수밖에 없다.

어찌하랴. 아무리 내가 어머니를 사랑해도, 어머니의 사랑을 오래도록 받고 싶어도, 인간의 생사는 불가항력이다. 오직 하나님의 영역인 것을…. 살아계실 동안 위로와 희망의 말을 자주 하거나 심한 고통이 없기를 기도할 뿐이다.

다행히 어머니는 깊은 신앙심으로 이내 다가올 죽음을 준비하신다. 오늘 밤 나를 주님이 부르신다 해도 편안히 갈 수 있으니 슬퍼하지 말라는 말씀을 늘 하신다. 그리고 머리맡에 신분증과 사후 필요한 서류를 비치해 놓으신다. 더 강한 영성으로 세상에서 지내는 마지막 시간을 간소한 생활과 평안한 마음으로 지내신다.

어머니 주치의는 통증이 심하면 파스를 바르거나 적절한 운동으로 그냥 그대로 참고 지내야지 별 수 없다고 한단다. 식물원 주인이 산세베리

아를 보고 "그냥 그대로 두고 보세요."라는 말처럼 들린다. 더 사랑한다는 말 밖엔 어머니의 고통을 나눌 수 없고 대신 걸을 수 없으니 안타깝다. 유모차에 의지해서나마 교회에 나가시니 감사할 따름이다.

산세베리아. 부석부석하던 잎이 다시 위로 뻗어 오를 것 같은 예감이 든다. 그리 쉽게 주저앉진 않을 것 같은….

그곳에 가보고 싶다

강변을 걸을 때마다 가보고 싶은 곳이 있다. 서강대교 아래 타원형으로 길게 자리 잡은 밤섬. 배를 타면 7분밖에 걸리지 않는 가까운 거리다. 고려 말 이 섬은 귀양지였고 조선시대엔 밤송이 모양 같다 하여 율도栗島라 했다. 은빛 모래밭과 수목이 어우러진 마포팔경의 하나였다.

1968년 한강 개발이 시작되자 주민들은 섬을 떠날 수밖에 없었다. 개발에 필요한 돌 채취를 위해 섬을 폭파했지만 강의 퇴적물이 쌓여 다시 풀과 나무가 자라고 새들이 날아와 자연스레 섬이 살아난 것이다. 밤섬은 6배나 넓은 면적으로 토사가 쌓여 식물과 새들만의 천국인 '생태경관 보전지역'으로 관리직원 외엔 일반인의 출입이 통제된다.

밤섬은 강물 위에 붕 떠 있는 듯 세상과는 전혀 다른 낙원처럼 내 마음의 신비한 공간으로 자리 잡고 있다. 고즈넉한 섬. 도심 한가운데 이토록 고요한 곳이 있을까. 쉴 새 없이 달리는 차의 소음과 매연, 강변에 늘어선 빌딩 숲은 숨이 막힐 정도다. 인구 천만 명이 북적대는 대도시에서 사람의 범접을 금한 곳이 있다니! 궁금하다. 그곳에 한번 가보고 싶다.

강가에 궁금증을 해소할 수 있는 아담한 공간이 있다. 밤섬에 관심이 많은 대학생 동아리 회원 서너 명이 반갑게 맞이하며 섬 이야기를 들려준다. 대형 망원경 6대가 섬을 향해 진열해 있다. 나뭇가지가 겨울이면 흰색으로 변하는 이유를 물으니 한 젊은이는 망원경 초점을 맞추며 보라고 권한다. 놀랍게도 나뭇가지마다 철새가 빼곡히 앉아 있다. 철새의 배설물 때문에 가지가 희게 보인다고 한다.

아름다운 풍경이 지척에 펼쳐진다. 온갖 생물이 이 섬을 원시 그대로의 보금자리로 삼고 살아간다. 괭이갈매기, 흰뺨검둥오리, 큰고니, 황조롱이 등 80여 종이 넘는 새가 찾아와 겨울을 난다. 큰 날개로 한강 상공을 훨훨 날던 새들이 바로 이 섬에서 둥지를 틀고 발진 기지로 삼은 것이다. 항공모함에서 발진하는 비행기처럼.

어미 새는 섬 주위에 새끼를 데리고 다니며 길러주고, 물고기도 산란기가 되면 구석진 풀숲에 와서 알을 낳는다. 밤섬은 끊임없이 생명이 탄생하고 양육이 이뤄지는 생육生育의 땅, 상실이 아닌 무한한 회복과 축복의 땅이다.

그뿐인가. 버드나무, 뽕나무, 물쑥 등 200여 종의 식물이 자란다. 갈대와 물억새 덤불, 야생화 군락, 꽃 넝쿨이 뻗어 난 울창한 숲…. 꿀벌은 제 세상인 양 이 꽃 저 꽃 윙윙거리며 옮겨 다니고 곤충들이 꿈틀거린다. 새들은 청아한 소리로 목청껏 지저귄다.

그곳엔 군데군데 물이 고인 습지와 작은 호수도 있다고 한다. 강 속의 섬, 섬 속의 호수이니 신비함이 더하리라. 파푸아 뉴기니의 원시림 속에서나 볼 수 있는 장관은 아닐 테지만 생물의 보고일 뿐만 아니라 풍광은 더 아름다울 것이다.

봄날의 밤섬을 상상하면 베토벤 교향곡 6번 '전원' 2악장이 연상된다. '뻐꾹~뻐꾹~' 하는 클라리넷 소리, 바람에 새소리, 비에 물소리가 어울려 찬란한 봄을 협주한다. 아니, 세상에 있는 작은 천국을 기쁘게 찬송한다.

안토니오 비발디의 바이올린 협주곡 '사계四季'가 떠오른다. '사계'는 악장마다 계절을 묘사하는 시를 실어 사계절의 정경을 더 실감 나게 표현한다.

"봄이 왔다. 새들은 즐겁게 노래하고 시냇물은 산들바람에 실려 흘러간다. (…) 요정과 양치기들은 전원풍의 무곡에 맞춰 춤춘다. 이 눈부신 봄날에."라고. 신부神父였던 비발디는 창조주의 숨결을 느끼며 이 곡을 작곡했을 것이다.

낙원 같은 밤섬. 만약 그곳이 누구나 맘만 먹으면 속살까지 다 들여다볼 수 있는 남해나 서해, 아니면 관광객이 몰려드는 유명 산 근처에 있다면 그리 귀하지 않을 테다. 거대한 서울, 그것도 교외가 아닌 도심 한 가운데 천진스러운 모습으로 누워 있으면서 사람을 받아들이지 않다니….

금지된 땅. 인간의 때 묻은 발자국을 허락하지 않는 깨끗하고 순수한 땅. 그래서 문명이 낳은 어지러운 쓰레기, 소음, 냄새가 없다. 비닐봉지, 먹다 버린 라면 찌꺼기, 음료수 병이 없다. 3천만 명이 갖고 있다는 스마트폰은 단 한 개도 없다. 어떤 기술이나 개발도 환영하지 않는다.

오직 자연 그대로 생명이 잉태되고 탄생하고 양육된다. 기쁨에 넘쳐 생生을 노래하고 찬미할 뿐 어둠은 없다. 평화, 평화가 온 섬에 가득하리라.

주방에 난 조그만 창을 통해 날마다 밤섬을 바라본다. 그리고 아름다운 낙원을 꿈꾼다.

그곳에 가보고 싶다.

장미가 아름다운 이유

영미시 시간이다. 앞길이 창창한 젊은이들 앞에 서면 왠지 마음이 간절해진다. 그들의 앞날이 당찬 각오를 다지며 성실하면서 겸손하고 아름답기를 바란다.

한 여학생이 할 말이 있는 듯 다가온다. 수줍은 표정으로 군 복무 중 휴가 나온 남자 친구와 함께 청강할 수 있는지 묻는다. 괜찮다고 하자 학생은 급히 교실 밖으로 나가더니 푸른 제복을 입은 건장한 청년과 함께 들어온다. 둘은 멋쩍은 듯 머뭇거리다 나란히 앉는다. 교실 안이 따뜻한 미소로 가득하다.

때마침 로버트 번즈의 「붉고, 붉은 장미」를 다룰 참이다. 짧고 쉽지만 열정적인 사랑의 마음을 잘 표현한 시다. 연인을 빨간 장미와 감미로운 멜로디에 비유하며 바위가 태양에 녹을 때까지, 바다가 마를 때까지 사랑하리라는 절절한 내용이다.

영국 국화이기도 한 장미. 생활비의 상당 부분을 장미정원 가꾸기에 쓰는 영국인이 많고, 외로운 시골 노인들은 이 집 저 집 모여 장미 얘기로 소일한다고 한다. 팝가수 엘튼 존이 다이애나 왕세자비 장례식에서 ‘영국의 장미여’를 불러 심금을 울린 것으로 기억하는데 화려하면서도 기품 있는 그녀의 이미지에 맞는 노래인 것 같다.

오월은 장미의 계절, 여기저기 장미가 피어난다. 우리나라에 흔한 빨간 덩굴장미 품종 ‘폴스 스칼릿 클라이머’는 향기가 없다고 한다. 반면 정원용 장미는 향기를 내뿜는다. 예쁘지 않은 꽃이 없지만 장미는 황홀한 미를 발산한다. 아일랜드 시인 예이츠는 세상에서 가장 완벽한 미는 한 잎 한 잎 섬세한 주름을 만들며 활짝 피어난 장미라고 노래한다.

하지만 가시가 있어 맘 놓고 다룰 수 없다. 공원에 있는 장미정원을 가꾸는 걸 보면 인력과 정성이 보통 아니다. 짚으로 싸서 겨울채비를 하거나 봄에 다시 풀 때도 두꺼운 장갑을 끼고 조심하고 시간도 많이 걸린다. 정원용 장미의 대부분은 우리나라 고유종 장미인 찔레, 돌가시나무, 해당화 등의 뿌리에 장미 가지를 접붙인 것이어서 가시가 있다.

가시 없는 장미를 원하는 사람이 많아선지 마침내 한 지방 농업기술원이 ‘가시 없는 장미’ 딥 퍼플 품종을 개발했다. 분홍색 꽃잎에 끝부분이 진분홍색을 띤 인기품종이다. 세계시장에 팔려나가 그동안 주기만 하던 해외 로열티를 최초로 거둬들이게 돼 기대할 만하다고 한다.

그렇다 해도 가시 없는 장미는 매력이 없어 보인다. 결기가 약해진 것처럼 당차 보이지 않고 의연함이 사라진 모양이다. 범접할 수 없는 고고함과 화려함을 갖고서도 거만하지 않는 아름다움이 사라진 것 같다.

장미 가시는 남을 찌르거나 공격하기 위한 것이 아니다. 자기를 보호하고 지키려는 최소한의 생존 전략이며 경계다. 가시도 꽃의 일부로 함께 어우러지면서 장미의 독특한 매력을 풍긴다. 어느 책에선가 "장미 가시는 독선이나 이기심이 아니다."라는 구절을 읽은 적이 있다.

가시는 세상에서 가장 으뜸가는 꽃을 피우기 위한 눈물겨운 인내와 집념의 상징이 아닌가 싶다. 이 가시로서 자신을 넘보는 악한 기운을 막아내며 보다 귀하고 고아하고 단단한 내공이 깃든 꽃을 피우는 것 아닐까. 겉은 한없이 아름답고 부드러우면서도 정신은 성숙한 인간의 표상이라 할 수 있다.

장미와 가시.

그 가시의 의미를 헤아리기라도 했다는 듯 뒷자리에 앉은 연인들이 서로 마주보며 생긋 웃는다. 맘에 드는 한 쌍이다. 험한 세상에서 사는 동안 오늘 읽은 시처럼 변함없는 사랑으로 기품 있고, 안을 단단하게 다지는 내공의 삶을 살기를 바란다. 장미가 아름다운 이유를 기억하면서.

제라늄

서유럽을 여행하다 보면 유난히 눈에 띄는 꽃이 있다. 제라늄이다. 꽃 색깔이 고풍스러운 건물에 잘 어울린다. 시골도 마찬가지여서 집집마다 온통 제라늄으로 장식한다. 하얀 커튼과 빨간 꽃의 조화가 아름답다.

제라늄은 쥐손이풀과에 속하는 여러해살이 식물이다. 잎은 아욱 모양이고 작은 송이로 뭉쳐진 탐스러운 꽃이 피지만 특이한 냄새를 풍겨 싫어하는 사람도 있다. 어느 날 나도 제라늄으로 치장하고 싶어 화분 열댓 개를 샀다. 한 개 값이 3,000원 정도로 그리 비싼 편은 아니다. 쓸모없던 회전식 옷걸이를 베란다에 놓고 화분을 주렁주렁 매달고 바닥에도 늘어놓으니 싱싱함이 거실 안까지 스며든다.

아파트 베란다는 식물이 잘 자랄 수 있는 곳이 아니다. 순환되지 않는 공기와 에어컨 열풍이 있을 뿐 메마른 뿌리를 적셔 줄 비도 맞을 수 없고, 엉클어진 가지를 풀어줄 살랑대는 바람도 없다. 기껏해야 버티컬 사이로 비치는 햇빛과 가끔씩 부어주는 수돗물이 전부다. 영하의 날씨에도 집안으로 다 들여놓을 수 없어 그대로 둔다.

게다가 보살핌이래야 별다른 게 없다. 마른 잎을 떼어주거나 뻗어가는 뿌리를 흙으로 덮어주고 잎의 먼지나 닦아줄 뿐 내버려두다시피 한다. 그래도 제라늄은 사시사철 쭉쭉 줄기를 뻗어 개화 준비를 한다. 꽃을 잘 피우려고 다투는 개구쟁이들 같다. 좋지 않은 환경을 참고 이겨내는 모습이 대견하고 고맙다.

5~6월엔 줄기가 지탱할 수 없을 만큼 주먹만한 꽃송이를 피운다. 초록 잎 사이 햇빛에 반사된 강렬한 선홍빛은 가슴을 뛰게 한다. 흰 꽃은 사철나무에 내려앉은 눈송이 같고, 분홍꽃은 동틀 무렵 하늘에 뜬 구름송이 같다. 제라늄을 볼 때마다 피로가 싹 가시고 편안해진다. 꽃을 마주 볼 수 있게 식탁 의자를 놓고 하염없이 바라본다.

나는 꽃을 좋아하면서도 키우는 데 소질이 없다. 베란다에서 온실 꽃처럼 잘 길러 스마트폰에 저장해 놓은 사진을 보내주는 친구가 많다. 봄이면 욕심이 생겨 다양한 꽃을 사서 내 딴엔 잘 기르겠다고 맘 먹지만 절반은 실패다. 분재 전문가인 친구가 수국 화분을 준 적이 있다. 잘 키워보려 했지만 실패했다. 그 친구가 우리 집에 놀러오겠다던 전 날 수국을 사려고 헤매던 기억이 난다.

제라늄은 다르다. 어느 여름, 며칠간 집을 비운 적이 있다. 30도를 오르내리는 폭염에 말라죽었을 거라고 포기하며 돌아왔다. 그런데 메마른 잎 사이로 꽃송이들이 방긋이 웃고 있는 게 아닌가. 좋지 않은 여건도 아랑곳하지 않고 끈질기게 버티는 꽃, 그래서 꽃말을 '결심'이라 했나 보다. 3년, 5년이 가고, 어떤 것은 억척스레 더 오래 산다. 변함없이 한결같다. 투정 부릴 줄 모른다.

영하 10도까지 내려간 겨울, 모처럼 거실 안에 들여놓으니 새순이 틔고 쫑긋쫑긋 꽃봉오리가 맺힌다. 창밖은 삭막해도 마음은 봄처럼 따스하다. 오랜만에 우리 집에 오는 사람은 "아직도 제라늄이군요!"라고 말한다. 나는 십여 년이나 살아 있는 것도 있다고 대꾸하며 가벼운 전율을 느낀다.

제라늄! 독한 인내심이다. 바닥에 떨어진 빨간 꽃잎은 상처에서 흐르는 핏자국 같고, 흩어진 흰 꽃잎은 참기 힘들어 흘리는 눈물방울 같다. 물로 씻어낼 때마다 가슴 아프다. 그 강인함과 자기 지킴의 힘은 어디서 오는 것일까. 붉은 선짓빛으로 나를 현혹하는 흡인력은 어떻게 준비된 것일까.

처절한 적응력이다. 약한 햇빛과 몇 줌 안 되는 푸석푸석한 양분 없는 흙에 대한 적응이고, 주어진 처지에 대한 받아들임이다. 부지런하지 못한 주인에 대한 이해와 관용이다. 현실에 부대끼면서도 적극적으로 수렴하려는 몸부림이 강한 생명력으로 이어진 것이리라.

TV에 19세 소녀 가장의 일상이 소개된다. 아버지가 병원에 입원하고, 할머니와 어머니는 몸이 편치 않아 동생들을 챙겨야 한다. 살고 있는 집은 말할 수 없이 허름하다. 가녀린 어깨에 짊어진 삶의 무게로 웃을 일이라곤 하나도 없을 것 같은 소녀는 늘 웃는 얼굴로 직장에서 열심히 일한다. 피곤한 몸으로 집에 돌아오면 쉴 틈조차 없이 집안일을 해야 한다. 내면의 깊은 곳에서 삶에 대한 애착을 쉼 없이 길어 올리는 제라늄 같은 소녀다.

제라늄은 긍정의 화신이다. 아무리 강한 속성을 가진 식물이라도 진한 긍정의 수액이 흐르고 있지 않는 한 저리도 힘찬 모습으로 서 있지 못할 것이다. 어려운 상황에 처하면 긍정보다 부정의 울타리를 쳐서 그 안에 안주하려는 나 자신이 싫은데…. 닮고 싶다. 야무진 저 꽃을.

곁에 이런 친구가 있어 행복하다. 오래 같이 살다보니 속 깊은 이야기도 나누는 사이가 됐다. 제라늄은 나의 나약함을 잘 안다. 날마다 '힘내세요!' 하며 활짝 웃는다. 천생연분인가 보다. 제라늄과 나는.

'힘내라' 고 하는 말에 나도 몇 마디 보낸다.

살면서 약해질 때
너를 보러 갈 거야

거기 듬직한 모습으로 서 있을
불보다 강한 눈빛으로 쏘아댈

나만이 알 수 있는
꿀 같은 사랑으로 차 있을

너무 독해서 슬픈 너를
너무 참아서 아름다운 너를

살면서 어깨가 무거울 때
너를 보러 갈 거야

예절 공부

은사이신 이 교수님 사모님께 안부전화를 드렸다. 그분은 대학에서 강의하는 한편 예절 지도자로 활동하시는데 예절 교육을 한번 받아보라고 권유하셨다. 그러잖아도 우리의 전통문화에 대해 너무 모르고 있던 터라 1년 과정으로 체계가 갖추어진 한국전례원에 등록했다. 예禮의 정신이 어떤 것인지 알고 싶었다.

시작은 그리 만만치 않았다. 한문도 잘 알아야 하고 나의 신앙과 맞지 않는 부분도 있지만 전통을 이해하고 좋은 점은 배우기로 맘먹었다. 현대인의 에티켓에 대한 책을 읽은 적이 있지만 전통 예절의 범위가 넓었다. 언어, 호칭, 세시풍속, 의복, 음식, 예술, 태교, 다도 등 한국인의 삶이 예절 아닌 것이 없을 정도였다. 그중에서도 관혼상제冠婚喪祭는 한국 전통문화의 정신이 고스란히 녹아 있음을 알 수 있었다.

예를 갖추는 것은 상대방에게 '정성과 공손함'으로 대하는 것이다. 정성은 자연스레 공손함으로 이어진다. 공손함은 나 자신의 품위를 지켜주고 타인에게 무례하게 대하지 않으며 나와 가족, 나와 타인과의 관계를 돈독하게 유지해주는 길이 된다.

한국문화재 보호재단에서 펴낸 『우리의 전통예절』이란 저서에는 예절에 대해 이렇게 요약한다. "예절은 한 인간으로서의 자기관리와 사회인으로서의 대인관계로 말할 수 있다. 자신에게는 정성을 기울여야 하고 양심적이고 정직해야 하며, 다른 사람에 대해서는 공경하고 사랑하는 마음으로 상대방을 편안하게 해줘야 한다."라는 것이다.

한마디로 예는 자기를 사랑하고 남을 배려하는 것이다. 자기 존중이요, 타인 존중이다. 인간에 대한 존엄성이다. 예를 안다는 것은 인간다워지는 것이고 다른 사람과 아름다운 관계를 맺으며 평화롭게 살아가는 방법을 아는 것이다. 그러니 예를 모르는 사람은 타인에게 무례하게 대할 수밖에 없다. 상대방을 공공연히 비판하는 무례함으로 인해 그가 얼마나 상처를 받는지도 감지하지 못한다.

사람답다는 것은 사람이 해야 할 도리를 아는 것이다. 사람 노릇을 하는 것, 이는 예를 갖출 때의 말이나 행동 하나하나에 그대로 담겨있다. 진지한 마음과 지극 정성으로 상대방을 배려하는 마음. 이런 마음을 가지면 사람뿐만 아니라 꽃과 동물 같은 생명체, 심지어 물건까지도 소홀히 여기지 않는다.

예는 모든 것을 귀하게 여긴다. 사람을 귀하게 여기는 것이 사람에 대한 도리요, 자연을 소홀히 대하지 않는 것이 자연에 대한 도리다. 식사 중 말을 삼가게 하는 것도 음식을 소중히 여기라는 의도이다. 다도 역시 찻잎에서 나오는 향기를 깊이 음미하여 향기로운 삶을 살자는 것이다.

며칠 전, 기분 좋은 일이 있었다. 사흘간 집을 비울 일이 있어 청소하는 분에게 신문을 문밖 상자에 모아달라고 부탁했다. 돌아와 보니 상자에 신문이 가지런히 놓여 있어 그분에게 고맙다고 하니 자기가 한 일이 아니란다. 알고 보니 부탁도 하지 않았는데 맞은편에 사시는 아주머니가 아침 일찍 우리 신문을 정리한 것이다.

예의 최고 덕목은 겸손이다. 쉽지 않다. '사람인지라…'라고 핑계하며 어쩌면 평생 겸손에 이르지 못할 수 있다. 예는 '겸손하라!'라고 큰소리치진 않는다. 수양하고 다듬으면서 저절로 몸과 마음에서 우러나게 한다. 예의 부드러움이요, 따뜻함이다.

공수법拱手法을 배웠다. 얌전히 두 손을 모으는 것인데, 평상시 남자는 왼손이 위에서 오른손을 감싸고, 여자는 오른손이 위에서 왼손을 감싼다. 그러나 슬픔을 당한 집에서는 평상시와 반대로 해야 한다. 공손한 마음으로 예를 표하기 위해서다. 공자는 '공즉불모恭則不侮'라 했다. 내가 공손하면 남이 나를 모욕하지 않는다는 뜻이다.

예절 공부 중 재미있는 기억도 많다. 주룩주룩 비가 쏟아지던 날, 숨가쁘게 강의실에 들어간 나는 움찔했다. 관 밑에 까는 칠성판 위에 실제 사람크기만한 인형 시체로 상례喪禮 실습 중이었다. 수연례壽宴禮 시연

땐 큰절을 하는 자손들에게 '동기 형제간에 우애 있게 살아라.' 고 덕담도 했다.

최근 모 일간지에 실린 신예기新禮記 기사에 호응이 뜨겁고 관혼상제 문화와 이별하고 싶다는 사람도 있다. 집집마다 가풍이 다르지만 지나치게 복잡한 부분은 조절할 필요가 있을 것 같다. 시대가 달라졌다.

1년간 잠실역까지 1시간 거리를 결석하지 않고 재밌게 공부했다. 겸손하지 못하고 '이런 체 저런 체'하며 살아온 것을 깨달았다. 가족, 친지, 이웃에게 공손과 정성으로 대하지 못한 것, 자기관리를 못한 부족함이 밀려왔다. 예는 사람을 사람답게 하고 삶을 아름답게 한다.

이 교수님 사모님께 감사드린다.

상처

한강공원 가는 길. 양쪽에 줄지어 핀 억새꽃이 군데군데 쓰러져 있다. 봄·여름을 견디며 이제 막 꽃을 피우기 시작할 무렵이다. 틀림없이 어젯밤 일로 애꿎은 억새가 짓밟힌 것이다.

집에 와서 신문을 보니 짐작대로다. 세계 불꽃축제가 한강공원에서 있었는데 약 100만여 명의 시민이 참여했다는 기사 내용이다. 불꽃은 아름다웠지만 시민들이 버리고 간 쓰레기를 환경미화원과 자원봉사자가 밤새 치워야 했고, 무질서로 인해 수십 명이 부상당해 병원에서 치료를 받았다고 한다. 그 난리에 억새가 수난을 당한 것이다.

가을 정취를 느끼게 하는 것 중 억새를 빼놓을 수 없다. 바람에 한들거리는 은빛 무리를 보고 있노라면 마음이 편안해진다. 삶에 지친 사람들이 경기도 포천 명성산이나 강원도 정선 민둥산을 찾아가 억새를 보며 휴식을 취하고 새 힘을 얻고 마음속 응어리를 풀어낸다. 억새의 매력은 군락을 이루는 것이지 이 빠진 것처럼 빈틈이 보이거나 얼크러지면 아름답지 못하다. 오늘 아침 강가는 어수선하고 어지럽다.

작년 10월에도 그랬다. 구름처럼 모여든 구경꾼들이 불꽃이 잘 보이는 장소를 택해 자리를 잡는다. 다리 위, 잔디밭, 강가 바윗돌, 근처 빌딩까지 빼곡히 발 디딜 틈조차 없다. 앉을자리를 찾지 못하면 억새 위에 캠핑용 자리를 깔고 앉는다. 억새는 힘없이 주저앉아 다시 일어나지 못한다. 어마어마한 불꽃축제의 규모에 비하면 '그까짓 억새쯤이야….'라고 말할 수 있다.

화약을 이용해서 공중에 현란한 무늬를 만드는 불꽃놀이는 6세기경 중국에서 처음 사용됐다고 한다. 지금은 제조법이 더 발전하여 세계 여러 나라에서 연말연시나 국가의 중요 행사에 불꽃을 터뜨린다. 가을 밤하늘에 시원스레 쏘아 올려 오색찬란한 무늬가 그려지면 탄성이 절로 난다. 이만한 볼거리가 어디 있겠는가. 100만여 명의 군중이 한 곳을 바라보며 내뿜는 와아~ 하는 감탄의 소리에 전율을 느낀다. 그 누구도 연출할 수 없고 쉽게 볼 수 없는 장관이어서 불꽃놀이를 탓할 순 없다.

하지만 불과 몇 시간 지난 지금 그토록 휘황찬란했던 불꽃은 보이지 않는다. 한 번 쏘아 올린 불꽃은 길어야 3초 정도. 그러곤 흔적조차 없이 공허하게 사라진다. 순간의 환희를 위해 가을 겨울 내내 의연한 너울과 출렁임으로 감동을 줄 억새가 사라진다. 어쨌든 사람의 잘못이 크다.

속이 꽉 찬 억새 줄기는 바람에 넘어지지 않으려고 안간힘을 쓴다. 흰

잎맥이 나 있는 길쭉한 잎을 갖고 있고, 어떤 식물보다 생명력이 왕성해서 가을꽃들도 억새 틈에서는 고개를 들지 못할 만큼 휘감는다. 그런 억새가 이리저리 널브러져 있다. 화약 냄새가 진동하는 밤을 지새운 채로.

상처투성이 억새를 보니 오래전 겪었던 기억이 떠오른다. 어떤 사람으로부터 받은 상처 때문에 힘들던 때였다. 하지만 나도 다른 사람의 마음을 아프게 하고 그 사실조차 기억 못 하고 사는 것 아닌지 하는 생각을 하며 치유할 수 있었다. 오히려 그 일로 인해 마음이 더욱 강해지는 것 같았다. 불꽃놀이를 즐겼던 사람들은 억새가 받은 상처를 꿈에도 알 리 없다. 누굴 탓할 게 아니라 억새 스스로 알아서 일어나야 한다.

억새는 생명력이 강한 뿌리를 갖고 있다. 때문에 지금 주저앉는 것이 아니라 분명 내년 봄 다시 살아난다. 쑥쑥 싱그러운 모습으로…. 사각사각 서로 몸을 비비며 곧게 자라 곁을 지나는 길손에게 예의 멋진 감동의 출렁임을 보여줄 것이다.

억새의 수난은 순간이었다. 예기치 않은 상처였다. 참고 기다리면 곧 치유되는 법. 내년 봄 굳은 땅을 뚫고 힘차게 솟아오를 억새를 꿈꾼다.

맑게 살라

내 이름이 맘에 들지 않는다. 나를 소개하거나 누군가 내 이름을 부를 때 더 그렇다. 이름에서 풍기는 운치나 의미가 별로 없는 것 같고 무엇보다도 '자子'로 끝나는 게 세련미가 없다. 일제강점기 막바지에 태어나 부모님이 일본식 이름으로 지으셨다.

한때 이름 대신 쓸 수 있는 아호를 지어볼 양이었다. 대개 깊은 뜻이 있거나 시적이며 지적이고, 듣기에 좋은 음향효과를 지닌다. 솔직히 이런 풍아한 호를 갖고 싶다. 호를 이름 대신 또는 호와 이름을 같이 쓰는 사람은 예사롭지 않게 보인다.

하지만 언감생심 나 같은 사람이 어찌 아호를 쓸 수 있겠는가. 오랜 세월 한 분야에 자타가 인정할 만한 업적 · 실력 · 식견이 깊은 자에게나 해당하는 것이니 나에겐 가당치 않다. 이름이 맘에 들지 않아 호를 지었으니 이해해 달라고 할 수도 없는 노릇이다.

그래서 다짐했다. 부모님이 주신 이름을 소중히 잘 쓰겠다고. 그런데 어느 날 "이름 바꾸셨어요? 새 이름이 참 예뻐요"라는 엉뚱한 전화가 왔다. 웬일인지 알아보니 교회 요람을 정리하는 아르바이트 학생의 실수로 내 이름이 잘못 기록된 것이다. 나와 같은 성姓을 가진 분이 이름을 바꿨는데 내 것도 똑같이 바꿔버려 졸지에 '서유정'이 됐다.

그후 몇 사람에게서 전화를 받았다. '서유정'이라는 이름이 나에게 너무 잘 어울려서 이미지가 좋아지고 사람이 달리 보인단다. 참 잘 결정했다면서 자기도 이름에 불만이 많은데 내 경우를 보고 바꿔야겠다고 한다. '유정'이 '숙자'보다 부드럽고 은은한 매력이 있어 사람이 달리 보인다니…. 마음이 흔들렸다. 속보다 겉을 보고 평가하는 이미지 시대에 휩쓸리는 것 같아서 기분이 씁쓸했다.

밀리센트 허니컷 선생님이 생각난다. 1960년대 우리나라에 온 미국 남장로회 선교사로서 교육과 선교에 헌신하셨다. 한남대학 영문과 교수로 학생들을 가르치셨고 내가 대학에 입학했을 때 그분을 만날 수 있었다.

나는 그분 댁에 가서 영어성경을 배운 적이 있다. 대 여섯 명 되는 학생들의 한문 이름을 보고 그 뜻을 영어로 바꿔줬다. 내 이름은 '맑을 숙淑' 이니 'Crystal'이라 짓고 계속 그렇게 부르셨다. 지금 내 이메일 주소도 crystal로 시작한다. 요즘 '크리스털'이란 말을 흔하게 쓰지만 나에겐 뜻깊다.

어려서 '옹달샘'이란 동요를 불렀다. 깊고 깊은 산속에 맑고 맑은 옹

달샘이 있는데 새벽에 토끼가 눈 비비고 일어나 세수하러 왔다가 물만 먹고 간다는 내용이다. 얼마나 물이 맑으면 토끼 녀석이 감히 세수를 못하고 마시기만 하고 돌아올까. 상상할수록 청량감이 몸을 감싼다.

사람이나 조직이나 이름을 아무리 바꾼들 소용없다. 인생의 중요한 요소는 성명도 사주도 관상이 아니라 심상心相이라는 글을 읽은 적이 있다. 동감이다. 마음가짐이 중요하다. 내가 이름에 휘둘리지 않고 맑고 맑은 사람이 되어 이름이 나를 따라오게 해야겠다.

아호도 필요 없다. 수정처럼 영롱하게 살도록 부모님께서 주신 이름을 맑게 닦으며 살고 싶다. 맑은 호수에 주변 풍경이 비치듯이 나 자신과 주위를 넓고 깊게 비칠 수 있는 맑은 마음을 가지길 바란다. 그리고 맑은 마음에 바람이 불지 않도록 평안하게 유지해야겠다. 바람이 불면 아름다운 풍경이 다 흐트러져 버릴 테니까.

내 이름이 나에게 딱 알맞다. 항상 탁하게 사는 나에게 '맑게 살라, 맑게 살라'고 일깨우기 때문이다. 내가 나를 부를 때, 남이 나를 부를 때마다….

가을, 나무처럼

휘이익~

회오리바람이 분다. 우수수 떨어진 나뭇잎이 공원 구석구석 빙빙 돈다. 느티나무, 꽃단풍 나무, 버짐나무도 마른 잎을 떨어뜨리며 심한 몸살을 앓는다.

남김없이 다 버리는 나무의 몸짓이 처절하다. 피었다 지는 것이 자연의 질서라지만 몸 흔들어 잎을 떨어치는 모습은 서글프기만 하다. 뿌리와 등걸, 가지와 잎이 서로 하나 되어 비바람을 견뎌냈지만 이젠 생존을 위해 어쩔 수 없이 헤어져야 할 시간이 온 것이다.

낙엽수가 잎을 떨어내는 것은 자신을 보호하려는 자구책이다. 나무는 뿌리에서 물과 영양분을 흡수해 자라므로 가을엔 수분 증발을 막아야 한다. 나무는 앙상한 가지로 겨울을 날 수밖에 없다. 약한 햇빛에 잎까지 무성하면 나무 자체가 죽기 때문이다. 뿌리에서 흡수하는 물보다 잎으로 가는 물이 더 많지 않도록 수분을 줄기 쪽으로 옮기고, 더 이상 광합성 작용을 하지 않는 마른 잎은 떨어뜨려야 한다. 이것이 자연의 섭리인 것이다.

가을 나무처럼 사람도 어쩔 수 없이 이별의 아픔을 겪는다. 서로 인연을 맺고 살지만 언제까지나 내 곁을 떠나지 않으리라는 보장이 없고 정이 깊을수록 가슴앓이는 더 크다.

나는 이별을 많이 겪었다. 부모님이 미국으로 떠나셨고 2남 4녀 중 나만이 한국에 산다. 남북 이산가족처럼 애끓는 심정은 아니나 한 번 떠나니 만남이 쉽지 않고 그리움만 남는다. 사람들이 공항 출국장에서 눈물 흘리며 헤어지는 장면만 봐도 콧등이 찡하다.

사물과의 헤어짐도 그렇다. 얼마 전 타고 다니던 차를 아주 먼 곳으로 보냈다. 어느 날 빌딩 지하주차장에 세워둔 차에 문제가 생겼다. 며칠 전 타이어를 새로 갈고 정비도 했던 터라 당황했다. 보험회사 직원이 와서 처리했지만 차를 갖고 있는 것이 귀찮다는 생각이 들었다. 아예 없애고 싶었다.

씽씽 달리고 싶은 꿈을 이뤘으니 더 이상 바랄 것 없다. 직장이 있는 것도 아니고, 쇼핑한 물건은 집까지 배달해주고, 지하철을 타면 편안한 마음으로 책을 읽으며 가고 싶은 곳은 어디든 갈 수 있는 편리한 세상이다.

하지만 막상 차를 없애자니 마음이 착잡했다. 드라이브를 즐기는 편은 아니지만 타다 보니 정이 들었나 보다. 저녁노을이 유리창을 물들일 때 음악을 들으며 달리는 기분은 휴식 자체였다. 더우면 시원하게, 추우면 따뜻이 감싸주던 나만의 아늑한 공간에서 복잡한 생각을 정리하곤 했다. 늘 깨끗이 닦아주고, 주차해 놓은 곳에 잘 있는지 마음 쓰던 고마운 친구였다.

차 인수자가 오기로 한 날, 지하에만 주차했던 게 미안해서 햇볕이 잘 들고 바람이 통하는 곳에 옮겨놓았다. 온기가 느껴지는 듯해서 부드러운 손길로 어루만지며 닦고 또 닦았다. 마지막으로 할 일은 그것밖에 없었다.

수출 일을 하는 인수자는 이렇게 흠 없는 것은 처음 본다면서 요즘 아들이 차 사달라고 조르는데 놓쳤다면서 아쉬워한다. 어디로 차를 보낼 거냐고 물으니 요르단이라고 대답한다. 바로 인천항으로 가서 선적해야 한다면서 급히 서두른다. "그렇게 멀리요?"라고 대꾸하자니 나도 모르게 한숨이 나온다. 한 줄기 서글픔이 스쳐간다.

차가 떠난다. 윤기 흐르는 자줏빛 몸매가 더욱 예쁘다. 그렇게 멀리 떠나보내고 싶진 않았는데…. 헤드라이트가 엄마와 떨어지기 싫어하는 아이의 눈망울 같다. 말없이 미끄러져 가는 뒷모습을 향해 "잘 가렴!" 하고 손을 흔든다. 한낱 기계 덩어리에 지나지 않던 것이 다정하게 마음속으로 다가온다.

한참 멍하니 서 있자니 차의 마지막 모습이 아른거린다. 아쉽고 허전하다. 친구 말이 생각난다. 키우던 강아지를 사정이 생겨 지인에게 보낸 뒤 무척이나 마음 아팠다고 한다. 생명이 있어 더 힘들었을 것이다.

텅 빈 가지 사이로 제법 찬바람이 휘몰아친다. 애지중지 키워 귀엽게 팔랑거리던 분신을 떠나보내는 나무를 바라본다. 의연한 모습으로 온몸을 흔들어 잎을 소멸시키는 나무는 겨울 동안 아픈 가슴을 침묵으로 삭힐 것이다. 나의 두 손에 꼭 쥐고 펴지 못하는 것이 있는지, 나의 머리에 한 번 입력되어 고치지 못하는 잘못된 생각이나 주장은 없는지 헤아려 본다.

내가 가진 것 중 영원한 소유는 하나도 없다. 하나 둘 사라진다 해도 마음 아파하지 않아야겠다. 조금 잃었을 뿐인데 전부 잃은 것처럼 수다를 떠는 것도 욕심이다. 매몰차게 버리는 가을 나무의 몸부림을 보라.

나무는 돌아올 봄의 고귀한 잉태를 위해 그 많은 피붙이를 다 떼어버리지 않는가.

6장

자작나무 숲속에 서 있고 싶다

가녀리면서도 눈빛은 강렬한 여인,

어느 땐 상냥하고 어느 땐 슬픈 여인,

연두색 스카프에 초록 귀걸이,

흰 술이 나부끼는 모자로 잔뜩 멋을 내는 여인,

머리는 눈보다 차고 가슴은 노을처럼 뜨거운 여인이여!

꽃 그림자 너울대던 방

살면서 복잡한 일이 생기면 떠오르는 사람이 있다. 생활은 단순하고 생각은 긍정적인, 향기를 지닌 C 선배다.

그녀와 나는 대학 기숙사에서 같은 방을 썼다. 그녀는 책상, 옷, 이부자리 같은 소지품을 깨끗이 정돈하여 내가 부끄러울 정도였다. 머리는 깔끔하게 묶고 옷맵시도 좋고 구두도 반들반들 윤이 났다. 늘 잔잔한 미소를 띠고 있지만 어릴 적 시력을 잃은 아픔을 갖고 있다.

우리는 캠퍼스 내에서 같이 다니려고 시간을 맞춘다. 선배가 들어갈 강의실을 찾아 그녀 옆자리에서 강의 내용을 받아쓰기도 하는데 이는 그녀가 점자로 다 받아쓰기엔 아무래도 속도가 느리기 때문이다.

그 시절 기숙사 규칙은 소등 시간이 되면 전등을 꺼야 했다. 어둠 속에 나란히 누워 얘기를 나누는 동안 방안 분위기는 색다르게 연출된다. 기숙사가 한옥이어서 창호지 문을 통해 나무 그림자가 너울거리며 갖가지 정경을 펼친다. 바로 방 앞 화단에 심은 라일락이 밤새도록 켜놓은 외등에 비친다.

나는 너스레를 떤다. 방에 구름이 둥실둥실 떠다니고 천사가 오르락내리락하고, 『어린 왕자』에 나오는 장미꽃 정원이 보인다고…. 그녀는 "그래? 꽃향기가 진하네."라면서 정말 향기를 맡는 듯 맞장구를 친다. 바람 부는 밤엔 더 멋진 얘기를 한다. 라일락 꽃 그림자가 마치 바람에 한들거리는 수선화 · 유채꽃처럼 밀려오는 것 같다고…. 그녀는 더 짙은 향기를 맡는 듯하다.

라일락뿐만이 아니다. 아래로 처진 단풍나무나 아카시아 나무는 달빛 상상력에 날개를 달게 한다. 나무 그림자는 온 방안에 넘실대고, 천장과 벽을 지나 누워있는 두 사람 얼굴 위에 어른어른 멈췄다간 다시 휩쓸고 지나간다.

그러면 한술 더 떠 영국 소설가 제인 오스틴의 『오만과 편견』의 스토리를 곁들인다. "언니, 지금 파티가 열리는데 여인들이 하늘거리는 드레스를 입고 우아하게 춤추고 있어."라고. 그녀는 내 말이 꽤 과장된 것을 알면서도 신기한 척하며 듣는다. 감미로운 어둠이 우리를 에워싼다. 이 달콤함을 나보다 훨씬 더 마음으로 느끼는 그녀가 아름답다.

세월이 흘렀지만 가끔 생각난다. 일상사가 힘들었을 텐데도 나의 도움을 받으려 하지 않고 스스로 노력하던 모습! 좀 더 꼼꼼하게 챙겨줄걸

하는 아쉬움이 남는다. 오히려 내가 고민거리를 말하면 쉽게 해결책을 내놓아 복잡한 문제가 단순해진다. 적어서 볼품없던 것이 풍성해지고, 크게 부풀어 버거운 것이 작아진다. 그녀는 내가 방황할 때 마음을 잡아 주고 얼마나 쓸데없는 것에 대해 고민하는지 알게 한다.

그녀는 오늘 주어진 일을 내일로 미루지 않고 주위 사람에 대해 좋은 말만 한다. 주변정리를 깔끔하게 처리하고 어려움을 이겨내고자 애쓰면서도 자신에 대한 연민보다는 자존감을 잃지 않는다. 다른 사람에게 피해를 주지 않을 각오로 살면서 유머 감각이나 감성이 풍부하다. 여유가 있다. 단순함, 성실함, 섬세한 감성은 세상을 육체의 눈이 아닌 순수한 마음의 눈으로 보기에 연유할 것이다.

나는 많은 것을 보고 또 본다. 때로는 못 볼 것도 보아야 하고 듣지 않아야 할 것도 듣는다. 아무 도움이 되지 않는 불필요한 것을 보고 살 수밖에 없다고 푸념하면서도 어느 땐 그것을 찾아다니는 나 자신을 발견한다.

남이 나를 어떻게 보는지, 남이 어떻게 사는지 관심을 갖는다. 그래서 끝없는 감정의 소모전을 벌인다. 아직도 심안心眼이 아닌 육안肉眼, 안목의 정욕으로 보고 살기에 그렇다. 눈만 발달하고 마음은 퇴보하는 것 같아 한심하다.

헬렌 켈러는 현관 앞 인동덩굴의 잎사귀를 만지는 것으로도 가슴속 깊이 행복을 느낀다. 이제 와 생각하니 그녀는 세상을 심안으로 보면서 현실을 받아들이며 감사하는 마음으로 살았다. 그러기에 보다 깊게 그토록 짙은 꽃향기를 맡을 수 있었으리라.

C 선배와 함께했던 기숙사 1호실, 그 방이 생각난다. 어둠의 방, 아니 라일락 꽃 그림자 너울대던 향기 짙은 그 방이.

겨울이 빨리 왔으면

한낮엔 아직 온기가 대지를 감싸는 늦가을, 겨울이 오기를 기다린다. 얼음 낚시터, 스키장, 온천에 가고 싶어서가 아니다. 장롱 속에 고이 간직해 둔 빨간 목도리와 조끼를 입고 싶어서다.

아흔이 넘은 어머니는 생의 마지막이 다가옴을 느끼며 한 가지 결심을 하신다. '자식들에게 사랑을 담은 선물 하나씩 남겨 주리라.'고. 그러고는 가장 자신 있는 뜨개질을 택한 뒤 맘먹은 그날부터 털실을 사서 뜨기 시작한다. 아들 며느리, 딸 사위, 손자 손녀들까지 수를 합하면 결코 만만찮은 일이다. 기간은 1년.

어머니는 늘 아프다. 어깨와 허리 통증도 있고, 눈도 잘 보이지 않고 소화도 잘 안 돼 고생이 심하다. 먼 거리에 있는 털실 가게를 찾아가 마땅한 실을 골라 사 오는 것도 여간 힘든 일이 아니다. 지팡이에 의지하고도 몇 걸음 걷다 쉬어야만 할 정도로 쇠약한 상태다. 하지만 해야 할 숙제를 시간 안에 끝내고 싶은 학생처럼 자식들에게 일일이 좋아하는 색깔과 모양, 실의 굵기와 치수를 물어 맞춘다. 마음이 급한 듯하다.

가끔 무리하지 말라는 전화를 한다. 쉬엄쉬엄 심심할 때 재미 삼아하라고 해도 한 번 대바늘을 잡으면 몇 시간씩 시간 가는 줄 모르고 계속한단다. 몸은 고단하지만 마음은 즐겁고 하나씩 완성하는 재미가 무엇에도 비길 수 없다면서. 좋아하는 일을 하면 피곤한 줄 모르듯 어머니는 남은 에너지를 모아 뜨개질을 한다.

아무래도 너무 무리하는 것 같다. 그리 급하지 않으니 천천히 조금씩 뜨라고 하자 어떻게든 올겨울에 내가 입을 수 있게 해야 한다는 것이다. 나는 굵은 실이 더 좋다고 했다. 그래야 힘이 덜 들고 시간도 단축되어서다.

10월 하순쯤 커다란 소포가 왔다. 발신인은 어머니. 큰 상자 안에는 빨간 목도리와 연갈색 조끼, 남편의 밤색 목도리와 회색 조끼, 아이들 것까지 흰 종이에 정갈하게 포장돼 들어 있다. 선물마다 받을 자손 이름을 꼼꼼히 써 붙인 것을 보니 가슴이 뭉클하다.

눕고 싶어도 눕지 못하고 꼿꼿이 앉아 침침한 눈을 비비며 뜨개질하시는 모습이 아른거린다. 뒷목이 뻣뻣해서 힘들다고 했는데…. 한 코 한 코 정성을 기울여 옷을 완성한 후 미소를 지으며 정성껏 소포를 포장하는 어머니 모습이 떠오른다.

빨간색 긴 목도리의 코 수를 세어 본다. 다 합하니 내 목도리 하나만 짜는데 어머니의 따스한 손길이 32,560번 닿은 셈이다. 어머니는 뜨개질을 하며 사랑하는 자녀들과의 추억을 회상했으리라. 그리고 수없이 사랑한다고, 천국에서도 영원히 사랑한다는 가슴 아픈 작별 인사를 나눴으리라.

어머니께 감사의 전화를 드렸다. "내 마지막 선물이다."라는 떨리는 목소리가 들려온다. 빨리 추운 겨울이 왔으면….

어머니 선물에 대한 보답으로 시 한 편을 써서 보내드린다.

송편 빚다
수돗가로 간다
두 손으로 눈두덩
꾹꾹 눌러도
솟아오르는 샘물

유모차 끌고 가는 노인 바라보다
꽃밭으로 간다
금잔화 꽃잎 한 움큼
살살 비벼도
낯설은 살 냄새

나를 이 땅에 보내신 분
태평양 바다에 드리운
석양빛 한 줄
멀리서 들려오는
사위어 가는 목소리

—눈두덩 샘물

영춘화

봄이 오는 길목, 오늘이 우수니 2주 뒤면 경칩이다. 추운 겨울을 견딘 산수유 · 개나리 · 진달래가 봄을 빨리 전하고 싶어 꽃필 채비를 한다. 하지만 이보다 더 성급한 꽃이 있다. 영춘화迎春花. 아직 찬바람이 볼을 스치는 2월, 봄을 기꺼이 맞이하는 꽃이다.

이 꽃은 내한성이 강해서 겨우내 푸른 잎을 달고 있다가 2월이면 꽃눈이 움튼다. 중국이 원산지로 꽃잎이 5, 6장이며 수관樹冠이 우산 모양이고 활처럼 휘어진 가지에 꽃망울이 줄줄이 매달린다. 신기하게도 빨간 꽃봉오리를 활짝 터뜨리면 노란 꽃이 피어난다.

이름처럼 봄을 환영하는 영춘화는 봄 손님을 빨리 맞이하고 싶어 안달이다. 누구에게나 반가운 손님을 맞이하는 것은 마음 설레는 일이다. 집안을 정리하고 다과상을 차려놓거나 깔끔한 옷으로 갈아입는다. 밋밋한 일상이 새로워질 것 같은 호기심이 생기고 어떤 이야기를 나눌까 마음은 어느새 현관에 가 있다.

하지만 두 손 들고 환영할 수 없는 손님이 있다. 바로 나이, 그리 가볍게 대할 수 없는 중후한 손님이 기어이 찾아오겠다니 어찌하랴. 억지로 밀어낼 수 없을뿐더러 순순히 말을 들을 것 같지 않다. 그 손님은 벌써 몸을 헤집고 들어와 해를 끼친다. 컴퓨터에 침투하는 악성 바이러스처럼. 건강검진 결과 콜레스테롤 수치도 높고 여러 가지 노인성 질병 징후로 불안감이 스친다. 세월에 장사 없다.

이런 고비는 한두 번이 아니다. 마흔아홉에서 쉰으로, 쉰아홉에서 예순으로 나이 고개를 넘을 때마다 홍역을 앓았으니까. 그런데 이번 손님은 다르다. '칠십'이라는 도무지 나를 찾아올 것 같지 않은 생소하고 전혀 도움이 되지 않을 손님이다. 두려워서 현관문을 열어주고 싶지 않은 불청객이다.

잠을 설쳐 피곤하다. 바람은 좀 불지만 햇볕이 따뜻해 공원으로 향한다. 영춘화가 꽃봉오리를 터트려 노란 꽃 덤불을 이루고 있다. 빨리 봄을 맞이하고 싶어 아우성이다. 꽃잎 하나를 따서 손가락 위에 놓고 "참 당돌하구나. 꽃 잔디보다 더 작은 네가 이토록 패기만만하다니…."라고 말을 건넨다.

영춘화는 다시 겨울이 온다 해도 받아들일 자세다. 겨울 지나면 또 봄이 올 테니까 불리한 것도 수용하는 넉넉함과 무엇이든 자신 있게 해내겠다는 당당함이 넘친다. 조그맣고 귀여운 얼굴에 강한 의지가 돋보인다.

이 꽃처럼 나도 칠십 손님을 반겨야 할까 보다. 집을 정돈하고 깨끗한 옷으로 갈아입고 받아들일 준비를 해야겠다. 백 세 가까운 나이에도 정정한 모습인 철학자 김형석 교수는 인생에서 가장 편안하고 뭔가 해낼 수 있는 시기는 65세부터 75세인 것 같다고 회고한다.

다시 영춘화가 다그친다. '칠십'의 날이 얼마나 감사한지 아느냐고. 그 소중함을 모른 채 심란해하느냐고. 칠십까지 고비마다 견디며 살아온 것을 감사하고 남은 날을 새롭게 다잡으라며 내 손을 잡는다.

나를 찾아오겠다는 손님과 같이 차 마시고 음악 듣고 얘기를 나누다 보면 괜찮은 친구로 사귈 수 있을 것이라고 속삭인다. 별사탕 같은 작은 꽃이 나를 위로한다.

꽃과 약속한다. 나의 가을 인생도 영춘화처럼 다시 봄꽃으로 시작하겠노라고….

아주 오래된 집

삼십여 년 넘게 같은 집에 살다 보니 가끔씩 권태를 느낀다. 이사 간들 비슷한 구조와 건축자재로 힘만 들 것 같아 눌러살고 있다. 아파트는 편리한 주거 형태지만 집의 깊이와 거주자의 취향이 그다지 우러나지 않는 것이 흠이라고 할 수 있다.

유럽의 아주 오래된 집은 정취를 느낀다. 빠른 변화를 원하지 않는 듯 한 집에서 몇 대가 내려가며 산다. 비바람에 씻긴 황토색 외벽이나 돌 사이 이끼와 잡초가 자라는 돌담길을 걸으면 마음이 차분히 가라앉는다.

파리를 벗어나 북서부 노르망디에 간 적이 있다. 중세 때 세워진 몽 생 미셸 수도원을 보고 근처 작은 마을로 향했다. 이곳은 우리나라 영일만처럼 뾰족하게 튀어나와 영국과 가장 가까운 땅 끝 어촌이다. 한참 달리다 창밖을 보니 거대한 대서양의 푸른 물결이 넘실댄다.

오후 햇살이 내리비칠 즈음 목적지에 도착했다. 주위에 유명 관광지가 있어 어촌치고는 제법 큰 호텔, 식당, 가게가 많다. 오래 전 이 지방 사람들은 천대받고 가난하게 살았지만 정이 많으면서도 강인한 성품을 지녔다고 한다. 얼핏 둘러봐도 긴 세월의 독특한 분위기를 풍긴다.

여관에 들르니 남은 방이 없다. 주인은 기다려보라면서 어디론가 전화를 하더니 좋은 집으로 안내하겠단다. 조상으로부터 물려받은 집에 사는 할머니인데 마을 사람들로부터 존경받는다고 귀띔한다. 오래된 집을 볼 수 있을 것 같다.

문 앞에서 은색 머릿결과 부드러운 눈빛을 가진 할머니가 맞이한다. 상아색 벽 사이 창문마다 빨간 제라늄이 어울리는 집. 오랜 세월 바닷바람에 씻긴 흔적이 묻어난다. 이층 방으로 올라가니 벽지, 침대 시트, 탁자 위 꽃마저 푸른색이다. 창문을 열자 바다가 한눈에 들어온다. 할머니는 열쇠를 주면서 밤늦게까지 구경하고 아침식사를 함께하잔다.

다음 날 아침, 앞치마를 두른 정갈한 모습으로 식사 준비하는 할머니의 모습이 인상 깊다. 나무 식탁은 육중하고 다리에 긁힌 자국이 나 있다. 구수한 빵과 치즈, 과일 잼, 코코아 차와 커피 향이 퍼진다. 할머니는 조상이 살던 이 집에서만 살고 있다고 한다.

벽난로 위 가족사진과 큰 나무 시계에 시선이 멈춘다. 무겁게 매달린 시계추는 이 집에서 거듭된 삶의 영고성쇠榮枯盛衰를 묵묵히 지켜봤을 것이다. 소파, 의자, 장식장이 소박하면서 숨을 쉬는 듯하다.

전주 한옥마을이 생각난다. 팔백여 채의 전통가옥이 모여 있다. 교동과 풍남동에 옹기종기 자리 잡은 기와집이 퍽 운치 있고 가치 있어 보인다. 세월이 지날수록 어떤 숨결이 느껴진다. 일본에 사는 한 주부는 TV 드라마 '단팥빵'의 촬영지 전주를 방문했다가 한옥마을에 끌려 전주만 83번을 찾았다고 한다. 전주에 살면서도 그 기와집을 자주 찾지 않은 나에 비하면 대단한 열정이다.

마침 외국에서 살다 모국을 찾은 동생 가족과 한옥마을에 간다. 굽이굽이 낮은 돌담길을 지나 대문 안에 들어서니 사랑채와 안채, 행랑채와 안마당 한쪽에 있는 장독대의 항아리가 고향 냄새를 풍긴다.

댓돌 위에 흰 고무신 두 켤레가 가지런히 놓여 있다. 반질반질 윤나는 마루, 한지로 바른 문, 온돌방, 병풍, 문갑, 경대를 보니 어머니 품에 안긴 것처럼 따뜻하다. 정신적인 기가 느껴지고 집 전체가 살아 숨 쉬는 듯하다.

경주 안강의 양동마을도 사백 년 된 조선집들이 백여 채나 한 마을에 그대로 남았다. 이 마을은 월성 손 씨와 여강 이 씨의 두 성씨가 대대손손 살면서 두 가문의 집이 지어지고 지금도 후손들이 산다.

옛 선인의 깊은 사유思惟를 느낄 수 있고 물질적인 것보다 정신적 가치가 드러나는 고택이 곳곳에 있어 다행이다. 조선 중기의 사대부 집안을 보여주는 안동의 하회마을, 유명 고택, 학자의 서원과 정자는 아름다운 풍광과 어우러져 후손에게 깊은 정서와 가치를 전한다.

집을 부동산이라는 경제적 가치로 따지는 세상이다. 30년만 지나도 부수고 재건축을 시도하니 자원 낭비도 심하다. 시골 마을이든 도시든 오래된 것과 새로 지은 건물이 조화를 이뤄야 다양한 미를 느낄 수 있는데 오래된 것을 낡았다고 부수고 다시 짓는 것도 생각해 볼 일이다. 오래된 것의 가치를 찾는 것도 멋이 있다.

한 집에 오래 살다 보면 집도 주인을 닮는 것 같다. 운동선수 집에서는 역동적인 힘, 예술가의 집에서는 미를 창조하는 아름다움, 학자의 집에서는 책 냄새가 풍기기 마련인가 보다. 집의 가치는 오랜 시간 그 집에 사는 사람의 마음과 정서가 쌓여 집안에 은근히 스며드는 것 아닐까 싶다.

한 집에 오래 사는 게 싫어 새 집으로 이사할 생각을 했다. 비록 오래된 아파트지만 어떤 숨결이 느껴지고 매력 있는 집이 되도록 나의 삶을 잘 가꿔야겠다. 생각이 쌓이고, 마음이 쌓이고, 세월이 쌓이도록.

고향이 그리운 나무

보슬비 내리던 날, 충남 태안군 소원면에 있는 천리포 수목원에 이른다. 수련으로 가득 찬 연못과 하얀 집을 보니 고향 생각이 난다. 사방이 풋풋하다.

수목원 설립자는 미국인 Carl Ferris Miller한국명: 민병갈 박사다. 그는 1945년 25세에 해군 통역장교로 한국에서 근무하다가 17년 후 부지를 매입하여 수목원을 조성하기 시작한다. 그때부터 국제 수목 학회로부터 '세상에서 가장 아름다운 수목원'으로 인증받을 정도로 정성을 쏟으며 서해안의 푸른 보석으로 일궈낸다. 일찍이 한국인으로 귀화하여 세상을 떠날 때까지 낯선 타국의 흙과 나무를 만지며 산다.

외국인을 구경거리로 여겼던 시절, 밀러 씨의 향수는 뼛속 깊이 사무쳤을 것이다. 이 땅을 사랑하고 뿌리를 내리기 위해 어떤 고통도 감수하며 고향에 대한 그리움을 가슴에 안고 살았을 것이다.

2002년 그는 세상을 떠나면서 "내가 죽으면 묘지를 쓰지 말고 나무 한 그루라도 더 심어라"는 말을 남긴다. 하지만 그를 추모하는 사람들이 수목원에 묘지를 썼다가 2013년 여름 미국의 가족이 참석한 가운데 연못이 내려다보이는 태산목 밑에 수목장樹木葬을 엄수한다. 그는 수목원의 나무로 다시 살아났다.

숲을 돌아본다. 약 16만 평이 넘는 땅에 13,000여 종의 식물이 자란다고 한다. 우리나라 식물도 있지만 상당수의 나무를 외국에서 들여오기도 하고, 우리 것과 교잡交雜 하기도 한다. 동남아 · 유럽 · 중남미 · 캐나다 · 러시아 등 세계 여러 나라에서 옮겨와 모양이나 색깔이 형형색색이다.

보슬비가 갑자기 우산 끝으로 빗방울이 뚝뚝 떨어질 만큼 세차게 내린다. 비 탓일까. 나무들이 애처로워 보인다. 이만큼 견실하게 자랄 때까지 얼마나 심한 몸살을 앓았을까. 뿌리를 내리기 위해 자신과의 처절한 싸움을 했을 텐데…. 처음엔 뿌리박고 살 곳이 아닌 것 같아 기를 펴지 못하고 이겨낼 힘이 없어 죽고 싶기도 했을 텐데….

일본에서 왔다는 수형이 우아한 금송의 뾰족한 잎사귀마다 빗방울이 눈물처럼 떨어진다. 비가 후박나무 · 꼬마요정 나무의 가지를 타고 흘러내린다. 중국에서 온 초령목도 흠씬 젖어 있다. 나무들이 고향생각으로 줄줄 눈물을 흘리고 있는 것 같다. 순간, TV에서 봤던 다문화가정 여성의 모습이 떠오른다. 한국에 정착해서 잘 살아보려고 몸부림치면서도 고향이 그립고 가족이 보고 싶어 눈물을 흘린다.

기후, 언어, 문화, 음식 등 맞는 것이라곤 없는 낯선 땅에서 어려움을 극복하며 살아간다. 잘 적응하기도 하지만 첩첩 산골이나 외딴섬에서 외부와 단절된 채 가족과의 갈등을 삭이면서 살기도 한다. 사방을 둘러봐도 일거리뿐인 농어촌에서 땀 흘리며 자식을 가르치지만 주위의 편견 때문에 공부도 잘 못하고 힘들어하는 아이도 있다고 한다.

오도 가도 못할 머나먼 곳에 두고 온 가족, 친구가 그리워 눈물로 밤을 지새우며 베갯잇을 적신다. 고향에 갈 여비를 마련하기 위해 일을 더 많이 한다. 처음엔 각 나라의 다양한 문화에 흥미를 느껴 이 프로를 보기 시작했는데 지금은 그들 가슴속 그리움을 함께 나눈다.

한 이주여성이 방송사의 도움으로 한국에서 낳은 아들을 데리고 고향을 찾는다. 비행기 · 자동차 · 배를 갈아타고도 또 수십 리 길을 걸어 허름한 집에 이르는 남미 오지, 인자한 부모님과의 뜨거운 포옹은 눈물범벅이다. 형제들도 한 덩어리가 되어 끌어안고 할머니는 손자 얼굴에 키스 세례를 퍼붓는다. 가슴이 뜨거워진다. 가난해서 더 그립고 식솔이 많아서 더 정다운 것 같다. 다시 이별할 땐 슬픔을 넘어 고통이다. 어떤 어머니는 견디기 힘들어하며 "네 고통이 1이면 엄마의 고통은 100이란다."라며 흐느낀다.

그들 모두가 좀 더 넓은 우주적 차원으로 생각을 펼쳐보면 어떨까 싶다. 지구는 태양계에 속하고, 태양계는 은하계의 아주 작은 일부분이고, 그런 은하계는 헤아릴 수 없이 많다는 것을…. 그 광대함을 상상이나 할 수 있으랴. 인간의 두뇌로는 결코 가늠할 수 없는 광활한 우주의 한 점에 살고 있는 우리. 너와 내가 모두 멀고 먼 다른 나라가 아닌 지구촌 한 마을에 살고 있으니 어디서 둥지를 튼다 해도 다 내 나라 내 고향이 될 수 있는 것 아닌가.

글로벌 시대다. 고향에 연연할 때는 지난 것 같다. 이 '다름' 때문에 외로워하지 말고 자신감을 갖기 바란다. 우리나라 속담에 '정들면 타향도 고향'이라는 말이 있다. 참고 기다리며 자식 낳고 살다 보면 뿌리를 내리게 될 테고 지금 고생은 옛이야기가 될 것이다. 수목원 나무처럼.

시간 가는 줄 모르고 숲길을 거닌다. 비가 그치자 해가 얼굴을 내민다. 꽃밭이 딸린 옛 초가집 앞을 지난다. 꽃밭엔 봉숭아나 채송화가 아닌 보기에도 생소한 '리포 피아'라는 꽃이 요염하고 의기양양하게 웃고 있다. 그리스에서 왔다는데 초가집과 잘 어울린다.

고향이 그리운 수목원의 나무여. 이 땅에 더 튼튼히 뿌리내려다오. 분골粉骨마저 나무 밑에 묻힌 밀러 씨처럼.

여행, 그 설레는 출항

"왜 나는 여행을 하는가." 알랭 드 보통의 『여행의 기술』에 나오는 구절이다. 한 번쯤 읽어볼 만한 책이다. 여행은 '여기'에서 '어딘가'로 훌쩍 떠나는 것이다. 미지에 대한 꿈을 안고 새로움을 향하여.

낯선 풍경은 어제와 오늘이 똑같은 일상의 권태를 잊게 한다. 박물관이나 미술관 관람을 통해 다양한 역사와 문화를 경험하는 것도 뇌기능을 활발하게 하여 잠자는 호기심과 심미안을 불러일으킨다. 여행은 그 뭔가를 찾고자 하는 적극적인 시도이며 가슴 설레는 항해다.

한마디로 허가받은 일탈과 휴식이다. 오로지 목표를 향해 온 힘을 쏟으며 경쟁의식과 책임감으로 지치고 긴장한 심신을 풀어주는 것이다. 이국의 정취를 느끼며 나를 잊고 다른 사람처럼 지내는 건 멋진 일이다.

더구나 낯선 사람과의 만남은 특별한 경험이다. 현지인의 가정에 초대받아 훈훈한 인간관계를 맺는 것은 큰 즐거움이다. 생활 방식이나 생각이 나와 별로 다를 게 없고, 사람 사는 게 어디나 다 마찬가지로 비슷하다는 자위自慰로 마음이 넓어진다. 어제의 고민이나 상처를 잊는다.

이렇듯 좋은 점이 많지만 집 떠나는 여행의 시작은 고생이다. 하지만 뭐 대수이랴. 땅도 물도 설고, 음식 · 언어 · 문화가 다른 고생 밭에 온몸과 마음을 내던질 때, 찌든 삶의 찌꺼기는 사라지고 신선함으로 재충전된다. 여행 가방을 보면 가슴 설레는 이유다.

불어의 '여행'이란 단어는 'voyage'다. 미지의 세계를 향하여 배를 탄다는 뜻이고, 영어 'travel'은 'travail고생하다, 수고하다'에서 나온 것이어서 두 단어를 묶어보면 여행은 새로움을 찾으러 고생을 스스로 끌어들이는 것이라고 할 수 있다.

나는 모 일간지 조성하 기자의 여행 기사를 즐겨 읽고 사진도 오려놓는다. 그는 여행이 아무리 자유스러운 분위기라 해도 신경 쓸 게 많다고 한다. 지역을 잘 모르는 상황에 신분이 취약해짐으로써 예기치 않은 물리적 위험에 처할 수 있다는 것이다.

여행할 기회가 있으면 경비를 아끼고자 머리를 짜야 한다. 여행지에서 먹을 음식을 대충 가져가면 좋다. 햇반과 밑반찬을 꾸역꾸역 가방에 집어넣으니 다리가 휘청거릴 만큼 무겁다. 짐은 고생 보따리다. 우리 부부와 몇 번 여행했던 김 교수님 부부를 만나면 고생했던 얘기를 나누곤 한다. 밤새도록 달리는 버스 맨 뒷좌석에서 소음과 열기로 시달렸던 일이나 너무 날씨가 더워서 고생했던 일 등등….

프랑스에 갈 땐 대학 기숙사를 이용한다. 일단 그곳에 짐을 풀고 다른 여행지로 갈 수 있어 편하고 방값도 싸다. 여름방학이 시작되면 기숙사생은 모두 떠나고 남아있는 학생과 외국 학생이 차지하니 밤새 떠들고 노는 소리에 밤잠을 설치기 일쑤다. 욕실도 불편함에 대한 준비가 돼 있다 해도 샤워하기엔 너무 작다.

한번은 오스트리아 빈에서 파리 행 버스를 탔다. 억수같이 비가 내리면서 기온이 내려가기 시작했다. 차 안에 김이 서리지 않게 하려고 에어컨을 틀어대니 몸이 얼어붙을 듯 오들오들 떨렸다. 한밤중에 차가 멈춰 쏟아지는 비를 맞으며 버스 아래 짐칸에서 겨우 가방을 찾았지만 얇은 옷뿐, 여러 벌을 겹쳐 입어도 추운 건 마찬가지였다. 그 밤을 생각하면 지금도 한기를 느낀다.

여행의 즐거움은 세 가지가 아닌가 싶다. 행선지를 정한 뒤 꼼꼼히 준비하며 기다리다가 가고 싶었던 곳을 관광하고 무사히 돌아와 되새김질하는 것이다. 어려움에 부딪혀 당황했던 기억은 내일을 살아가는 데 힘이 된다. 잠이 오지 않는 밤, 여행을 떠올리면 편안히 잠이 든다.

무거운 가방을 힘겹게 들고 갔지만 잔디밭에 앉아 깻잎이며 김치, 멸치볶음을 얹어 먹던 밥맛. 기숙사 욕실이 작다고 불평했지만 귀빈용이어서 화장실이 실내에 있다는 얘기를 듣고 고마워했던 기억. 소음에 시달렸지만 다음날 아침 "봉주르, 마담" 하며 생면부지生面不知의 동양 아줌마에게 미소 짓던 젊은이. 추워서 덜덜 떨었지만 빗속에 뛰어가 요한 슈트라우스의 왈츠 CD를 사다 틀어주던 가이드의 멋지고 센스 있는 모습…. 다 가슴 따뜻하고 그리운 추억이다.

아침에 신문을 펴니 한 노 작가가 말한 기사가 눈에 띈다. 올해 79세인데 동유럽으로 여행을 갔다왔다면서 "인생은 허무하지만 여행은 우리를 거듭나게 하고 자기를 성찰하게 한다."라는 구절이다. 고개를 끄덕인다.

여행은 나그네의 길 떠남이다. 한평생 사는 것도 고생 보따리 한두 개쯤 짊어지고 가야 하는 나그네 길이다. 길 끝에 서서 힘들었던 지난날을 되돌아보면 어떻게 살아왔나 싶지만 이내 살아갈 힘을 얻는다. 그리고 다시 걷는다. 지금은 고통이 짓눌러도 지나고 나면 감사할 날이 오지 않던가.

나는 오늘도 망망대해에 흰 배를 띄우는 꿈을 꾼다. 내일을 향해. 내일은 오늘의 미래이고 희망이니까. 알 수 없는 미지에 대한 로망이니까. 기쁨과 고생이 함께하는….

같은 하늘 아래

흰 구름 뜬 하늘을 올려다본다. 12시간 비행 끝에 태평양을 가로질러 도착한 LA 하늘, 서울이나 별로 다를 게 없다. 하늘은 지상에서 위를 바라볼 때 보이는 무한대의 공간일 뿐인데, 어머니는 다른 하늘 아래 산다고 생각하며 그리워한다. 사랑하는 사람이 같은 하늘 아래 사는 것은 큰 위안이 되고 축복이라고까지 느낄 때가 있다.

멀리 유모차에 의지한 어머니의 모습이 보인다. 3년 만이다. 다가갈수록 반가움과 쇠약해졌을 두려움으로 가슴이 뛴다. 뵙는 순간 눈물로 껴안는다. 어머니는 오랜만에 만나는 딸이 마음 아파할까 봐 멋을 냈다고 하신다. 자세히 보니 화장도 연하게 하고 흰머리에 윤기가 난다.

서울에 홀로 떨어져 사는 둘째가 왔다며 2남 4녀가 다 모인다. 어려웠던 시절은 추억이 되어 밤새는 줄 모르고 얘기꽃을 피우며 울고 웃는다. 여동생은 "언니의 임신 출산 때마다 엄마는 중 1짜리 나에게 살림을 맡기고 언니한테 자주 가시곤 했어. 엄마만 안 계시면 연탄불이 꺼져 불 피우느라 눈물 많이 흘렸다."면서 나를 보며 웃는다. 나도 언니에게 털어놓는다. 언니가 사범학교 졸업 후 첫 발령받았을 때 새로 맞춘 분홍 코트를 속으로 무척 입고 싶었다고….

이야기에 취한 우리는 '이렇게 같이 살면 좋겠다.'라고 한다. 나는 미국에 사는 형제들이 부럽다. 맘만 먹으면 언제든 달려와 어머니를 만날 수 있으니까. 같은 하늘 아래 살며 서로 공유할 수 있는 공간에서 만나는 것은 위안이 된다.

서울로 돌아올 날이 가까워지자 막내 여동생이 온 가족을 초대한다. 뜰에 식탁이 차려지고 고기 굽는 냄새가 입맛을 당긴다. 제부弟夫는 기타를 치며 노래 부르고 조카는 색소폰을 연주한다. 팔순 넘은 형부는 여전히 굵은 목소리로 '청산에 살리라'를, 동생은 나의 피아노 반주에 맞춰 '생명의 양식'과 '기도'를 부른다. 조용히 재롱잔치(?)를 보시던 어머니가 눈가를 훔치신다. "어려서 제대로 먹이지도, 입히지도 못했는데…."

잔디는 부드럽고 바람은 가슴속까지 시원하다. 붉게 물든 서쪽하늘을 올려다본다. 이 넓은 지구 상에서 사랑하는 사람이 같은 하늘 아래 있음이 행복하다. 행복하게 사는 게 별 것 아니지 싶다. 함께 만나 얼굴 보고 음식 나눠 먹으며 얘기하는 것, 비록 자주 만나지 못한다 해도 같은 뉴스를 접하고 같은 기후에 같은 공기로 숨 쉬며 산다는 것, 같은 하늘 아래 살고 있는 것만으로도 허전함을 메꿀 수 있다.

어쩌면 어머니를 마지막 뵐 수 있을지 모른다는 생각이 든다. '마지막'이라는 말을 자주한다고 핀잔받지만 워낙 고령이시고 자주 와서 뵐 수 없는 형편인지라 더 애틋하다. 어머니의 모습과 체온을 가슴에 담고 싶다. 금년이 다 가기 전 꼭 해야 할 우선순위가 어머니 찾아뵙는 것이었다. 같은 하늘 아래 살지 못하기에….

파티가 끝날 무렵, 어머니가 옆집 정원에 있는 나무를 보며 말씀하신다. "저 나무 좀 봐. 신기하게 생겼네!"라고. 나무는 크리스마스트리 모양이지만 잎은 옆으로 퍼지지 않고 전봇대처럼 하늘로 쭉 뻗은 게 기이한데다 맨 꼭대기에서 은빛 십자가가 반짝인다. 아마 기독교인인 집주인이 십자가 장식을 해놓은 것 같다.

어머니는 아마 나무 끝을 올려다보며 하늘나라를 떠올리겠지. 그리고 사랑하는 사람들을 두고 떠나야 하는 서글픔이 노을 진 하늘보다 더 진하게 밀려오겠지. 이런 생각을 하며 어머니를 바라본다.

이제 이틀 후면 어머니와 헤어져야만 한다. 비록 자주 뵐 수 없는 먼 하늘 아래 살지만 너무 안타까워하지 않아야겠다. 하나님은 그 어디나 다 한 점點으로 보실 테니까.

위대한 만남

친구와 만나고 오는 길이다. 문득 그가 나와 대화를 나누며 어떤 느낌을 가졌는지 궁금해진다. 조금이나마 정신적 공감대를 가졌다거나 아니면 별 도움이 되지 않고 시간만 낭비했다거나 둘 중 하나일 것이다.

만남을 통해 서로 좋은 영향을 받는 것은 사는 즐거움 중 하나다. 때론 큰 울림을 받아 살아가는 데 밑거름이 되고 서로 존경할 수 있는 친구가 된다. 더구나 신앙, 인문학, 예술 등에 대한 이야기를 주고받을 수 있다면 큰 행운이다.

가끔 책 속에서 천재의 만남을 읽는다. 이들의 만남은 한 시대의 문화적 흐름을 바꿔놓을 만한 힘이 있다. 뜨거운 가슴이 함께 녹아지는 심오한 영혼의 만남은 또 다른 위대함을 창조하는 영감의 원천이 되기 때문이다.

연말이면 음악회나 방송에서 어김없이 베토벤의 합창 교향곡을 연주한다. 세 개의 악장을 연주한 뒤 4악장은 '환희에 부쳐'를 독창자와 합창

단 노래로 연주한다. 장엄한 메시지와 곡은 영혼을 사로잡는다.

원로 독문학자 이창복 교수의 저서 『문학과 음악의 황홀한 만남』을 감명 깊게 읽는다. 인문과 예술의 융합 미학을 다룬 책으로 베토벤과 시인 실러의 만남을 읽을 수 있다.

교향곡에 인간의 목소리를 도입하는 것은 당시 상황으론 어려운 시도였다고 한다. 이 책 6장에 나오는 실러의 시 「환희에 부쳐」의 첫 부분이다.

환희여, 신들이 주신 아름다운 불꽃이여,
낙원의 딸이여,
우리는 넘치는 감격을 안고
그대의 성전에 들어서노라, 천상의 환희여.
시대의 풍조가 엄하게 갈라놓은 것을
그대의 마력은 다시 하나가 되게 하고,
그대의 부드러운 날개 머무는 곳에
만민은 형제가 되리라.
…

두 사람은 육체적 고통과 물질적 어려움으로 파란 많은 일생을 산다. 실러는 만성 늑막염으로 고생하고 베토벤은 시력과 청력을 잃는 질병과 가난에 시달린다. 실러는 시인이지만 음악을 사랑하고 음악에 대한 감수성이 뛰어나 그 힘을 자신의 문학에 융합한다. 베토벤 역시 문학에 대한 조예가 깊어 자유로운 언어 표현을 자신의 음악과 혼합하고자 노력

한다. 이창복 교수의 책에 나오는 내용이다.

꿈을 가진 두 사람의 만남은 곧 시와 음악으로 승화된다. 인류가 장벽을 넘어 하나가 되고 고통스러운 현실을 넘어 희망을 갖자는 역동적 메시지가 탄생한다.

1989년 베를린 장벽이 무너지자 미국의 지휘자 레너드 번스타인은 베를린으로 가 베토벤 교향곡 9번을 지휘했고 '환희에 부쳐'가 울려 퍼졌다. 또한 헤르베르트 폰 카라얀이 지휘하는 베를린 필 교향악단의 연주는 그야말로 독일 3대 거장의 만남이 주는 감동이었다.

작가의 만남도 그러하다. 문학작품은 작가 홀로 만들어지기도 하지만 작가가 만나는 사람들과의 관계에서 얻는 정서로 태어나기도 한다. 일제강점기, 암흑시대를 살아가던 두 시인, 박목월과 조지훈의 만남 또한 위대하다.

둘은 밤을 새우며 문학과 역사에 대한 이야기를 나누고 솔밭 길을 걸으며 시심을 가다듬었다고 한다. 주고받은 편지는 아름다운 시 자체였다. 조지훈이 '목월에게'란 부제가 붙은 시 「완하삼」을 편지에 쓰니 목월은 감격하여 「나그네」를 쓴다. 이렇게 두 시인의 만남은 시구詩句까지 비슷한 명시를 낳는다.

시인 윤동주의 「하늘과 바람과 별과 시」도 대학시절 같은 방에서 하숙했던 정병욱(전 서울대 국문과 교수)에 의해 세상에 알려진다. 윤동주는 일본 유학을 떠나기 전 육필 시집 세 권 중 한 권을 후배 정병욱에게 준다. 하지만 그도 학병으로 끌려가게 될 처지여서 어머니와 동생 정병기에게 이 시집을 잘 간수해 달라는 당부를 하고 떠난다.

어머니는 시집을 마루를 뜯고 독 속에 깊이 보관했고, 다시 돌아온 아들이 1948년 1월 유고 시집을 발간한다. 만약 이런 친구와의 만남이 없었다면 일본 후쿠오카 형무소에서 옥사한 윤동주의 주옥같은 시를 지금 우리와 여러 나라 사람들이 애송할 수 있을지….

며칠 전 영화 '위대한 나의 친구, 세잔'을 봤다. 화가 폴 세잔과 소설가 에밀 졸라의 만남, 그들의 우정과 갈등에 대한 얘기다. 둘은 중학교 친구로 사춘기 시절을 보내며 우정을 쌓아간다. 파리에 먼저 간 졸라가 세잔에게 미술 공부를 하도록 독려하자 결국 화가가 된다. 그후 졸라는 세잔에게 예술에 대한 엄한 비평을 멈추지 않는다. 친구를 위한 충언으로 생의 마지막까지 둘 사이의 견제가 계속됐지만 이 갈등은 서로의 작품에 자극이 되었을 것이다.

이런 만남은 부지기수다. 그러나 한 번뿐인 인생길에서 나를 변화시킬 가장 위대한 만남은 누구와 만나는 것일까.

만남을 통해 서로 좋은 영향을 받는 것은 사는 즐거움 중 하나다. 때론 큰 울림을 받아 살아가는 데 밑거름이 되고 서로 존경할 수 있는 친구가 된다.

강마을 연가

한강변에 있는 아파트에 살고 있다. 35년째다. 앞뒤가 확 트여 햇빛이 집안에 가득하다. 해가 뜨고 지는 것을 보면서 계절 따라 강변 풍경을 즐기노라면 지루한 줄 모른다. 강을 보면 정신이 맑고 투명해지고 감성이 촉촉해져서 피곤에 지쳐있을 때 새 힘을 준다. 긴 세월 동안 유유히 흐르는 강물처럼 그렇게 살아왔다.

이곳을 선뜻 떠날 수 없는 이유는 많다. 교통도 좋고, 사는데 큰 불편이 없다. 무엇보다도 한강을 바라볼 수 있어 좋다. 사시사철 한강 주변을 걸으면서 삶을 반추해본다. 전망 좋은 방도 운치가 있다. 강을 향한 쪽이 유리문으로 되어 있어 더할 수 없는 경치가 시야에 들어온다. 멀리는 북한산, 가까이에는 남산이 보이고 빌딩들이 강가에 길게 뻗어 있다. 나무들 사이로 푸른 강물이 흐르고 몇 개의 다리가 이어져 있다. 작은 방에 앉아 이 거대한 풍경을 날마다 보고 또 본다. 볼수록 정겹고 새롭다.

북한산은 변함이 없다. 언제나 우람하게 그 자리에 버티고 있다. 날씨가 청명하면 산골짜기의 그림자까지도 보인다. 봄엔 부드러운 녹색, 겨울엔 하얀 눈을 머리에 이고 앉아있다. 든든하고 믿음직스럽다. 한강은 그 폭이 넓고 물이 맑다. 유럽의 강들은 강 주위의 예술적인 건축물들과 조화를 이루어 아름답지만 도도하게 흐르는 한강은 처연함을 느끼게 한다.

마음을 끌어당기는 것이 또 있다. 구름이다. 울적할 땐 하염없이 구름을 바라본다. 구름을 따라가노라면 어느새 마음이 밝아진다. 구름은 하늘에 표정을 짓게 한다. 먹장구름, 송이구름, 양떼구름, 뭉게구름, 조개구름…. 그런 구름을 원 없이 보고 산다. 수십 년간 단 하루도 똑같은 모양의 구름이 없으니 불가사의다. 야경은 더욱 매력적이다. 강물에 어른거리는 달빛보기, 가로등을 때리며 쏟아지는 빗방울과 수면 위에 퍼지는 안개는 향수를 불러일으킨다.

사람들은 말한다. 왜 한군데서 그리도 오래 사느냐고. 권태롭지 않으냐고. 좀 옮겨보라고. 하기야 몇 번 움직이려다 다시 주저앉았다. 이 동네에 정이 많이 들어 떠나기가 아쉽다. 골목길도 눈감고 가라면 갈 정도이다. 수십 년 단골인 미장원 아주머니도 나와 함께 나이 들어가고 있다. 웬만한 가게 주인들을 알고 지내는 편안함. 만나는 이웃들과 서로 눈웃음을 나누는 따스함. 어디에 가서 이런 안온함을 누릴 수 있을까. 사람을 새로 사귄다는 것은 쉽지 않다. 단시일에 되는 게 아니다.

나는 인생의 가장 중요한 시기를 강마을에서 보냈다. 다시 오지 않을 인생의 황금기를 변화와는 거리를 둔 채 아파트 옆에 서 있는 수백 년 된 은행나무와 대화를 나누며 움직일 줄 모르고 살았다. 답답해 보이고 주변머리 없게 보일지 모르지만 행복하다. 강물처럼 구름처럼 잔잔한 행복이다. 돈으로는 계산할 수 없는 풍요로움이 날마다 가슴을 벅차게 채워주기 때문이다. 봄, 여름, 가을, 그리고 겨울의 정취에 가슴이 설레고 감미로운 사색에 잠긴다. 그래서 후회는 없다.

강과 산과 숲이 정靜과 동動으로 어우러져 빚어진 이 풍광을 나의 정원처럼 즐긴다. 강마을에 사는 것만으로 이런 호사를 누리니 감사하다. 황홀한 여명과 노을의 순환에 따라 세월은 흘러가리라. 살아온 날들처럼 남은 날들도 흐르는 강물처럼….

자작나무 숲속에 서 있고 싶다

눈이 내린다. 순백의 아름다움이 겨울 정취를 자아내는 오후, 자작나무 숲이 그리워진다.

북유럽의 자작나무 풍경은 사시사철 아름다움을 선물한다. 주민들은 혈액순환을 위해 자작나무로 사우나 불을 지피고 가지를 묶어 몸을 두드린다. 백두산 개마고원 일대에 많이 자라는 자작나무도 쓸모가 많아 집의 대들보나 문살로 쓴다고 한다.

우리나라에도 경기도 양평과 강원도 인제 수산리에 100만여 그루, 원대리에 4만여 그루의 자작나무가 빽빽이 숲을 이룬다. 집 근처 공원에도 몇 그루 있지만 그리 잘 자라지 못하는 걸 보면 추운 곳에서 잘 자라는 것 같다.

저명한 러시아 여류 기자 따찌아나 테스는 "자연에 무관심한 사람은 언덕에 서서 자기 앞의 숲이나 들판을 보고, 자연에 관심 있는 사람은 같은 언덕에서 자작나무, 수레국화, 호밀밭을 본다. 자연을 세심하게 보는 사람은 자작나무의 도자기 빛 백색과 빛에 취한 푸른 가지의 부드러운 색을 본다."라고 자신의 수필에 쓴다.

백화白樺. 자작나무. 아름답고 유혹하는 이름이다. 이름만으로도 가슴 설레며 순결한 여인이 살며시 다가오는 듯하다. 맑은 얼굴에 매끈한 몸매를 부드러운 흰 옷으로 감싼 우아한 여인에게 어떤 이는 이렇게 속삭인다.

> 자작나무여! 가녀리면서도 눈빛은 강렬한 여인, 어떤 땐 상냥하고 어떤 땐 슬픈 여인, 연두색 스카프에 초록 귀걸이, 흰 술이 나부끼는 모자로 잔뜩 멋을 내는 여인, 머리는 눈처럼 차고 가슴은 노을처럼 뜨거운 여인, 박하사탕처럼 달콤하고 향기 나는 여인이여! 시인과 예술가의 영성을 흔드는 매력이여!

러시아 중부에는 이 나무가 울창한 숲을 이룬다. 그곳 사람들은 자작나무 아래서 태어나 자작나무 아래 살다가 자작나무 아래 묻힌다고 할 정도로 좋아한다. 무용단이나 오케스트라단, 심지어 가게 이름도 '자작나무'라 붙일 뿐 아니라 사랑하는 약혼녀나 신부와도 비유한다. 시인은 자작나무 시를 쓰고, 화가는 자작나무 그림을 그리고, 사람들은 자작나무 노래를 부른다. 러시아인에게 자작나무는 '조국'의 상징이기도 하다.

러시아인은 사시사철 이 아름다운 풍경에 사로잡힌다. 봄 햇살에 어린 잎사귀가 영롱하게 빛나면 흰 둥치에 푸른색으로 뻗는 잔가지의 흔들림이 예쁘다. 비가 내린 후 산들바람과 즐겁게 노니는 나뭇잎은 경쾌하게 춤을 춘다. 가을엔 푸른 전나무, 떡갈나무가 노랗게 물이 들지만 자작나무는 이와 비교할 수 없을 황금빛으로 변한다.

마른 잎마저 모두 땅에 떨어진 겨울. 소나무, 전나무, 오리나무에 눈이 쌓이고 자작나무에도 눈이 내려앉는다. 밑동부터 잔가지가 온통 하얗게 되어 햇빛에 반짝이며 서로 몸을 맞댄 채 추위에 파르르 떨고 서 있다.

러시아의 서정시인 세르게이 예세닌의 시 구절을 읽는다.

나의 창문 아래
하얀 자작나무
마치 은처럼
눈으로 덮여 있네

자작나무는 서 있네
잠자는 고요함 속에서
황금빛 불꽃 속에서
눈송이는 반짝이고 있네

영문학자 홍기영 시인은 『자작나무 그늘 아래, 나는 알았네』라는 시집에 백 편이 넘는 시를 수록한다. 그중 자작나무에 대한 시가 사십여 편이나 된다. 자작나무를 통한 인생의 깨달음이 감동으로 다가와 읽고 또 읽는다.

햇빛과 흰 눈에 잘 어울리는 자작나무. 그 숲속에 오래도록 서 있고 싶다. 하얀 자작나무가 되어…. 세상 욕심을 아직 털어버리지 못해 시커먼 모습이지만 어느 구석진 곳에 나 하나쯤 끼워주지 않을까.

자작~ 자작~ 자작~

기름진 껍질이 타는 불꽃으로 마음의 티를 태우고 싶다. 바람결로 소음에 지친 귀를 씻으며 잠자는 아기 숨소리 같은 자작나무 숨결을 들어봤으면.

자작나무 숲을 그린 적이 있다. 그림 앞에 서니 자작나무처럼 되고 싶은 마음이 더 간절해진다. 가끔 꿈을 꾼다. 눈이 펑펑 내리는 날, 하얀 자작나무 숲속에 서 있는….

7장

나를 익게 하소서

달콤한 가을 맛처럼

마음도 속까지 푹 익길 바란다.

겉모습이 시들어갈지라도

속은 알찬 열매를 맺어야 할 때,

오늘도 나는 초라한 영혼의 오두막에서 기도한다.

진이와 정아에게

진아, 정아,

아침부터 비가 내리는구나. 너희가 생각난다. 정아가 결혼하기 전에 썼던 책상 서랍을 열어본다. 손길 닿은 물건들이 남아 있어 하나씩 꺼내 보자니 너희와 함께 살았던 날이 그립구나. 사진 몇 장이 눈에 띈다. 오월 숲속에서 하늘을 날 듯이 달리는 모습이야. 앞니가 다 빠진 채 활짝 웃는 얼굴이 귀엽다. 그때 나는 젊은 엄마였지. 사람들이 그렇게 불렀어.

아침마다 색깔이 다른 리본으로 머리를 묶어주며 정아 얼굴을 들여다보는 게 얼마나 행복했는지 몰라. 내가 입던 꽃무늬 원피스를 꼬마 옷으로 만들어 입히면서 착하고 곱게 자라기를 바랐다. 진이는 우유를 너무 좋아해선지 모두 피부가 하얗다고 예뻐했지.

은행잎을 줍고 있는 사진도 있네. 덕수궁 은행나무는 참 대단했어. 지금도 기억하니? 그 큰 나무를 감싸던 황금빛 이파리를. 그랬다. 그땐 내 인생도 황금빛이었지. 너희가 비둘기를 쫓아가며 노는 것을 보는 것만으로도 부러울 것 없었어. 희망으로 가득했으니까.

하지만 세월이 우리 모두 나이 들게 했어. 정아를 품에 안고 있던 시간이 길어서일까. 삼십을 넘기고서야 짝을 찾았으니 춤이라도 출 것 같은데 한편으론 걱정스러웠지. 인생이라는 거대한 바다에 연한 꽃잎을 띄워 보낼 일이 어찌 기쁨만이었겠니.

독일의 사회심리학자 에리히 프롬은 이렇게 말하지. 진정한 모성애는 성장한 자식이 사랑하는 사람을 만나 하나 되는 것을 바라는 거라고. 당연한 말이야.

얼마 전 아빠가 정아에게 전화하셨지. "인생은 단 한 번뿐이야. 즐겁게 잘 살아."라고. 깊은 우물에서 퍼 올린 두레박의 찰랑이는 물처럼 잔잔한 울림을 주더구나. 나이 칠십 넘어 딸을 시집보내면서 다시 한번 자신의 삶을 되돌아본 것 같았어.

예행 연습도 없고 두 번 다시 돌아오지 않는 인생을 깊이 음미하며 성실하게 잘 살라는 뜻이지. 옆에서 들으며 나 같은 사람 만나 수십여 년간 살면서 아빠의 삶이 진정 행복했는지 아니면 그렇지 못해서 회한의 뜻이 담겨있는지 모르겠다는 생각이 들더구나.

딱 한 번뿐이라는, 그 '한 번'이라는 말이 가슴으로부터 목까지 차올라왔어. 옛날로 다시 돌아갈 수 있다면 좋겠지만 너희와 함께 향유했던 덕수궁에서의 황금빛 시절은 다시는 돌아오지 않는단다. 나이 든 뒤에야 젊은 날이 얼마나 소중하고 짧은지 알게 돼. 젊음은 아름답지만 짧은 게 흠이란다. 인생은 일회성이야. 흘러간 강물처럼….

나는 너희가 잘 살 수 있으리라 믿는다. 누구에게 기대려고 하지 않는 게 좋아. 재밌는 얘기해 줄게. 세브란스 병원에서 정아를 낳을 때 의사가 '속사 분만'이라 했어. 예정시간이 새벽 5시인데 2시에 태어났거든. '엄마, 내가 알아서 할게!' 하고 스스로 해결했다면서 모두 웃었단다. 그래, 너희 스스로 잘 살아내는 거다. 주위 사람에게 부끄럽지 않도록 겸손하면서도 자존감을 지키고, 자신을 사랑하면서도 이웃에 대한 배려를 잊지 말거라. 베풀며 산 사람은 마지막이 아름답더구나.

진아, 정아,

어떤 경우에도 좌절하거나 자학하면 안 돼. 이해 못할 상황이 온다 해도 중심만 꿋꿋이 지키면 바람은 주변을 맴돌다 맥없이 사라질 거야. 오직 하나님 말씀 붙들고 보호하시는 날개 안에서 평강을 누리며 살기 원해. 침착하고 착해서 화를 잘 내지 않는 너희 성격으로 보아 그리 살리라 믿는다.

그리고 옆에서 너희와 함께 걸어가는 사랑하는 사람을 신뢰하기 바란다. 좋은 반려자를 만나게 된 것이 얼마나 감사한지 모른다. 남편과 아내로서 자신이 해야 할 몫을 확실히 하고 서로 버팀목과 울타리가 돼야 해. 늘 잘 해줘야 한다는 마음으로 받을 생각만 하지 말고 맘껏 사랑을 주어라. 일생에 진정한 사랑도 한 번뿐이니까.

정아 결혼 후 첫 생일 카드에 아빠는 이렇게 쓰셨지. “네가 있던 방을 보면 빈 둥지만 남은 것 같아 허전하구나. 하지만 삶의 통과의례를 어떡하겠니. 잘 살아라. 잘 놀기도 하고. 인생은 단 한 번뿐이야.”라고.

페이스북 최고경영자 마크 저커버그가 어린 딸에게 이런 편지를 썼더군. “인생에 어린 시절은 단 한 번뿐이니 네가 모든 꽃의 향기를 맡아보고, 좋아하는 낙엽을 양동이에 담아보고, 동화책도 많이 읽고, 그리고 우리가 너를 얼마나 사랑하는지 느낄 수 있었으면 좋겠다.”라고.

나는 너희에게 이런 사랑을 느끼며 자라게 했는지 가끔 후회한단다. 내가 늦깎이 공부한답시고 소홀했었지. 참 미안하구나. 너희가 한참 사춘기의 힘든 터널을 지날 때였잖아. 요즘 젊은 부모처럼 놀이 공원을 가거나 좋아하는 음식점에 자주 데리고 가서 마음속 얘기를 나누지 못한 게 아쉬워. 하지만 별빛 총총한 밤, 시골 강가에 텐트를 치고 반딧불이도 보고, 맑고 얕은 강에서 물놀이도 했었지. 다시 예전으로 돌아가 저커버그처럼 잘 키우고 싶지만 이 또한 불가능한 일이잖니.

진아, 정아,

많이 사랑한다. 글로 표현할 수 없이…. 늘 너희를 생각하마. 러시아의 위대한 작가 안톤 체호프는 “단 한 번 주어지는 인생을 활기차고 의미 있고 아름답게 살아야 한다.”라고 말했지. 꼭 기억하렴.

비가 더 세차게 내리는구나.

내가 그 안에, 그가 내 안에

석 달 전에 담갔던 매실청을 개봉하는 날. 가슴이 설렌다. 항아리 뚜껑을 열고 공기가 통하지 않게 꽁꽁 싸매놓았던 끈을 푼다. 진한 향이 올라온다. 날마다 가슴 설레는 일 하나씩 만들라는 글을 읽었는데 오늘은 매실청이 나를 즐겁게 한다.

걸쭉한 액체가 항아리 안에 흥건히 고였다. 매실청을 담글 때 물 한 바가지 넣지 않고 마른행주로 닦았는데 많은 양의 즙이 생겼다. 매실이 보이지 않을 만큼 수북하게 덮었던 설탕은 흔적 없고, 빛깔 좋던 싱싱한 열매는 누런빛을 띠고 쪼그라진 채 가라앉았다.

즙을 떠서 맛본다. 새콤달콤하니 온몸에 짜르르한 느낌이 돈다. 매실이 설탕을 만나고 설탕이 매실을 만나 맛 좋은 즙이 만들어졌다. 백일 동안 캄캄한 항아리 안에서 무슨 일이 벌어진 걸까.

매실청의 생성을 물질의 화학적 변화로만 보고 싶지 않다. 마지막 한

방울의 즙도 남기지 않은 채 다 쏟아낸 매실, 그리고 매실이 자신과 함께 하려 함을 감지하고 형체도 없이 다 녹아져 스며든 설탕. 이 둘의 온전한 화합으로 오묘한 맛의 결과물이 생긴 것이다. 눈물겨운 결합이다.

그래서 매실이 설탕 속에, 설탕이 매실 속에 하나가 됐다. 전혀 다른 형태로. 도저히 떨어질 수 없는 관계로. 이젠 그 누구도 둘 사이를 분리할 수 없다. 얼마나 황홀한 만남이며 한 몸 이룬 동체인가.

성경에 포도나무 비유가 나온다.

> 나는 포도나무요, 너희는 가지라 그가 내 안에, 내가 그 안에 거하면 사람이 열매를 많이 맺나니 나를 떠나서는 너희가 아무 것도 할 수 없음이라. (요한복음 15장 5절)

하나님과 온전한 하나됨을 의미한다. '그가 내 안에, 내가 그 안에'라는 구절을 좋아해서 늘 묵상한다. 나의 근원과 생명은 바로 그분 안에 있음으로.

포도나무와 가지가 하나로 붙어있어야 가지가 마르지 않고 살 수 있듯이 나 또한 그렇게 살기 바란다. 얼마나 든든한 지주支柱인가.

인생은 호젓한 강둑을 홀로 걷는 것, 세찬 바람 불면 쓰러질 것만 같아 함께할 누군가를 찾는다. 날마다 한마음, 한몸인 이와 손잡고 바람 부는 둑길을 걷고 싶다.

올핸 유난히 매실청이 맛있게 됐다. 요리할 때마다 오묘한 맛도 즐기지만 그 누구도 매실과 설탕의 원래 상태로 분리할 수 없는 신비함을 느낀다. 순간순간마다 '내가 그 안에, 그가 내 안에'라고 되뇐다. 그렇게 여생을 살고 싶다.

피장파장

찌는 듯한 무더운 날씨. 시원한 지하철을 타고 땀을 닦으며 한숨 돌리던 중 한 아가씨가 눈에 띈다. 그녀는 문 쪽에 바짝 붙어 서서 누군가와 통화하며 훌쩍훌쩍 울고 있다. 흐르는 눈물을 연신 닦으면서 말을 제대로 잇지 못하는 그녀에게 주위의 시선이 쏠린다.

통화 내용을 들어보니 그녀는 아기 엄마였다. 유모차에 백일도 안 된 아기를 태우고 지하철을 탔다가 그만 혼자 내리고 만 것이다. 아기가 탄 유모차를 그대로 둔 채…. 깜빡 잊었단다. 하기야 더운 날 차 뒷좌석에 잠든 아기를 두고 내려 질식사시킨 기사를 읽은 적은 있다.

언제 어느 역에서 벌어진 일인지는 알 수 없지만 아기를 잃자 그녀는 허겁지겁 다시 차를 타고 누군가에게 자초지종 사연을 말하는 중이다. 순간 너무 황당해서 내 머리 속이 하얘지는 듯하다. 승객들은 '이럴 수가!'라고 말하면서 혀를 끌끌 차며 어이없다는 표정이다.

그중에서도 내 옆에 앉은 여인은 유별나게 그녀를 강하게 질타한다. 힐끗 보니 팔뚝이 굵고 건강한 60대 초반쯤 돼 보인다. 무릎 사이에 검은 비닐로 싼 쇼핑백을 두었는데 뭔가 중요한 것인 듯 움직이지 않도록 무척 신경 쓴다.

"참, 살다가 별꼴 다 보네. 아기 키우기 싫었던 모양이지. 잊어버릴 게 따로 있지 정신을 어디다 두고 다니는 건지 한심하다 한심해. 오늘 저녁 서방한테 되게 혼날 거다."라면서 화난 듯 큰 소리로 말한다. 좀 지나치다 싶지만 다 맞는 말이다.

아기 엄마가 딱하고 안쓰러워진다. 이십 대로 보이는 앳된 얼굴에 반바지와 티셔츠를 입은 평범한 젊은이 모습이다. 연일 계속되는 더위에 지쳤는지 아니면 신경 쓸 일이 있어 순간 깜빡했는지 알 수 없지만 그 심정이 오죽하랴 싶다.

옆 여인은 여전히 젊은 사람이 정신을 빼놓고 다닌다며 자기 며느리에게 나무라듯 한다. 요즘은 스마트 폰으로 빨리 연락하는 세상이라 곧 아기를 찾을 수 있을 것이라 해도 소용없이 열낸다.

다음 역이 가까워온다. 이윽고 "저기 있다!"라는 아기 엄마의 외마디에 승객이 모두 일어나 밖을 쳐다보며 소란스레 웅성거린다. 승강장에는 회색 옷을 입은 수녀님이 미소를 지으며 아기를 품에 안고 있다. 그 앞엔 빨간 유모차가 놓여있고 사람들이 수녀님 주위를 에워쌓다. 차가 떠나기 전 아기가 엄마 품에 안기는 광경을 보고 안도의 숨을 쉰다.

다음 역에서 내릴 채비하며 출입문 쪽으로 간다. 문이 열린다. 너무 혼잡해서 천천히 내리려고 주춤거리는데 한 남자가 나를 향해 "이것 아줌마 것 아녜요?"라며 검은 봉지를 건네려 다가온다. 자세히 보니 바로 옆에 앉았던 여인 것이다. 퍽 소중한 것이어서 무릎 사이에 꼭 끼고 있나 보다고 생각했던 그 검은 비닐 보따리다. 내 것이 아니라고 하자 그 남자는 안을 살짝 거들떠보더니 "아이고, 한약 지은 거네." 하며 난감한 표정을 짓는다.

울고 있는 아기 엄마를 그토록 매몰차게 나무라더니 정작 자기 물건도 챙기지 못하고 어디로 갔는지 찾을 수 없이 잽싸게 내린 것이다. 말하는 걸로 봐선 야무진 것 같았는데 그녀 역시 건망증이 심했다. 한때 유행하던 '너나 잘 하세요.'라는 말이 떠오른다. 젊은 엄마에게 했던 말 그대로 그녀 역시 한심했다. 누가 먹을 약인지 몰라도 남편 것이라면 혼날 게 뻔하다. 피장파장.

나 자신을 믿지 못할 만큼 모든 면이 부족하다면 남 참견 말고 내 앞이나 잘 챙기자고 다짐하며 출구를 향해 계단을 오른다. 인파 속에서 앞에 걸어가는 여인을 따라 걷는다. 오십 대쯤이고 패션 감각이 돋보인다.

이때, 뒤에서 젊은 청년이 그 여인을 급히 따라오며 그녀가 떨어뜨리고 갔다는 검은색 스웨터를 건넨다. 나도 지하철의 에어컨 바람에 대비하려고 가방 속에 얇은 겉옷을 갖고 다닌다. 그녀는 뒤를 돌아보더니 자기 것인 듯 냉큼 받는다. 놀라는 기색도 고마운 표정이나 말 한마디 없다.

자신의 건망증에 스스로 화가 난 것인지.

나의 건망증도 그들 못지않다. 피장파장이다. 한 번은 사과를 사서 지하철을 기다리는 동안 무거워 승강장 벽에 기대놓았다가 그대로 둔 채 차에 탔다. 한참 만에 사과 생각이 나 그 자리에 가보니 이미 사라지고 없었다. 언제부턴가 나를 믿을 수 없이 건망증이 심하다. 그래서 매사에 내 기억이 옳다는 억지 주장은 하지 않는다.

건망증이 심한 세 여인. 그중에서도 팔뚝이 굵고 건강해 뵈던 여인이 자꾸 떠오른다. 아마 허약한 남편의 보약일지도 모를 텐데….

벌곡 일기

돌나물

5월 7일.

놀랍게 뻗어나간 돌나물. 얼마나 많이 퍼졌는지 항아리 주위와 밭으로 내려가는 나지막한 언덕을 쫙 덮었다. 죽죽 뻗은 줄기에 오밀조밀 붙은 잎이 터질 듯 싱싱하고 자르르 윤기가 흐른다. 2년 전 동네 길을 걷다 돌나물 몇 줄기 뜯어다 친척 농장 입구에 대충 심은 것이다.

"와! 이 돌나물 좀 보세요. 내가 2년 전 조금 뜯어다 심은 건데요."라고 큰 소리로 호들갑을 떤다. 번식력이 강한 식물이지만 이토록 넓게 뿌리를 내리다니…. 앞으로만 나아가는 끈질긴 강인함! 울퉁불퉁한 자갈밭도 상관없이 돌에 엉겨 붙어 떨어질 줄 모른다.

당당함과 적극적 행동. 나는 한 분야에 대한 집념과 실행 정신으로 나아간 적이 있는가. 깊은 영혼의 단련을 위해 얼마나 기도했는가. 어머니와 아내로서 얼마나 성실했는가. 어려움이 닥치면 우왕좌왕하고 그리 중요하지도 않은 걸 남과 비교하며 힘없이 갈 길을 멈칫거렸다.

돌나물이 나에게 말한다. '남을 부러워하는 것은 힘이 전혀 들지 않지. 나는 지금 있는 힘을 다해 뻗어가는 거야.'라고. 자연은 신비하고 놀랍다. 배울 게 많다.

지난날을 돌아보면 후회와 아쉬움이 따른다. 이제라도 뒤돌아보지 않고 앞만 바라보며 걸어가야겠다. '천로역정'의 길을 다 걸은 뒤 마지막 문을 두드릴 때까지.

빈집

8월 5일.

충청도 벌곡. 계룡역에서 차로 20분 정도 걸리는 산으로 둘러싸인 호젓한 산골마을이다. 친척이 시골생활을 즐기고 있어 가끔 찾는다. 도착해서 동네를 돌아보니 길가에 늘어선 아주까리와 옥수수가 훌쩍 자랐다.

산 아래 띄엄띄엄 보이는 집까지 가볼까 하다 개가 사납게 짖어대 그만두고 내려온다. 외딴집 한 채가 눈에 띈다. 개 짖는 소리도 나지 않고 농기구도 보이지 않는다. 인기척이 없다. 마당 구석에 서 있는 감나무마저 쓸쓸해 보인다. 가까이 가 보니 사람이 살지 않는 텅 빈 집이다. 이 동네엔 도시로 나간 주민이 몇 있는데 집을 미처 팔지 못했거나 팔렸지만 새 주인이 들어오지 않는 빈집이 있다고 한다.

기둥은 기울어지고 벽에 구멍이 뻥 뚫려 금방이라도 무너질 것 같다. 뒤틀린 서까래, 잡초만 무성한 지붕, 희뿌연 먼지를 뒤집어쓴 가구와 녹슨 농기구가 여기저기 널브러졌다. 부엌은 음식을 만들던 곳이라고는 상상할 수 없을 만큼 지저분하고 엉망이다.

푹푹 찌는 더위가 마지막 기승을 부리지만 빈집엔 찬바람이 분다. 빈집은 이렇듯 쉽게 황폐해진다. 무너질 것 같은 허술한 집도 사람이 살면 쉽게 무너지지 않는다. 사람이 살고 있다 해도 집을 집답게 하는 것은 그 안에 살고 있는 집주인에 달려 있다. 깔끔하게 잘 가꾼 집은 주인이 얼마나 부지런한지 들어가 보고 싶다.

나를 나답게 하는 것이 무엇일까. 말과 행동에 그대로 나타나는 '마음'이다. 내 정신이 폐가가 되지 않도록 날마다 깨끗이 닦아야겠다. 잡초를 뽑고 거미줄 치지 않게 밝은 빛이 비치도록 잘 가꿔야겠다.

한낮의 손님

8월 6일.

아프리카의 뙤약볕이 생각나는 더운 날. 산골이지만 한낮엔 숨이 막힐 만큼 강렬한 햇볕이 내리쬔다. 텃밭 작물과 마당 잔디도 맥없이 처진 오후, 집 옆으로 흐르는 개울로 내려온다. 밤나무 · 감나무 잎이 쏟아지는 햇살을 막아주고 물기 머금은 나무뿌리가 보기에도 시원하다. 평상에 앉아 풀냄새를 맡으며 개울에 발을 담그고 헤엄쳐 다니는 물고기를 보니 온몸이 짜릿하다. 냉방시설과는 느낌이 다르다.

사방이 고요하다. 과일을 가지러 다시 돌계단을 올라온다. 부엌을 향해 마당 연못을 지나는 바로 그 순간, 나의 시선이 한 곳에 꽂힌다. 뱀 한 마리가 내 발 앞을 지나 현란한 곡선을 그리며 돌 절구통 쪽으로 사라진다. 몸이 얼어붙는 것 같아 꼼짝 않고 서 있다. 친척에게 얘기하니 자연 속엔 이런 것 저런 것 다 같이 있다면서 대수롭지 않은 표정이다. 모든 자연물은 싫고 좋고 아닌 더불어 산다는 뜻이다.

기분이 찜찜하지만 오후 늦게까지 옥수수와 과일을 먹으며 한여름을 즐긴다. 뜨겁게 달아올랐던 해도 지고 밤이 깊어간다. 낮에 보았던 광경이 떠오르면서 잠이 오질 않는다. 아름다운 풍경과 시원함을 주던 집 앞 숲은 시커멓게 보이고 멍멍이마저 짖어대니 누가 온 것만 같아 등골이 오싹하다. 산도 물도 좋고 공기 좋은 시골 생활을 꿈꾸려면 뱀이나 지렁이, 캄캄한 밤을 감수해야 한다는 어느 귀농자의 말이 떠오른다. 세상일엔 열 가지 좋아도 한두 가지는 맘에 걸리기 십상. 완벽한 것은 없다.

잠이 오지 않는다. 낮에 봤던 게 어른거린다. 혼잣말로 읊조린다. 그 녀석도 작열하는 태양 아래 수련이 떠 있는 절구통 물을 마시고 싶었을 거야. 연못 속의 통통한 비단 잉어와 잔디 위에 뛰어다니는 방아깨비도 탐났을 테고. 사람도 길 가다 목마르면 아무 집이나 들러 물 한 바가지 얻어 마시고 가는 것처럼…. 물 마시고 싶어 찾아온 '한낮의 손님'이라고 여기자. 애써 잠을 청한다.

녹

오랜만에 피아노 뚜껑을 연다. 쉬운 연습곡부터 치려는데 손가락이 잘 움직이지 않는다. 모차르트 소나타도 처음 치는 것처럼 어색하고 손가락이 부드럽지 않다. 당황해서 두 손을 내려다보니 뭉뚝한 손가락이 녹이 슨 듯 뻑뻑하다. 피아노 건반도 톡톡 튕기지 않고 반쯤 주저앉는가 하면 때도 끼고 음도 처져 있다. 내 손가락도 피아노도 녹이 생겼다.

다른 일이 바빠진 이유랄까. 언제부턴지 피아노 뚜껑을 완전히 덮고 살았다. 피아노는 관심 밖이었다. 거실에서 구석방으로 옮겨져 먼지가 쌓이고 잡다한 물건을 올려놓는 가구가 되었다. 조율도 안 한 채 수년이 흘렀다. 예민한 피아노 부품이 별 수 없이 녹이 슨 모양이다. 예전엔 피아노를 치며 노래도 부르고 즐겼는데.

녹은 화학적으로 금속의 표면에 생기는 산화물이다. 잘 닦지 않고 내버려 둔 탓에 찌꺼기가 쌓여 황토색과 녹갈색으로 거무칙칙하게 얼룩지는 현상이다. 폐광 안에 버려진 녹슨 삽과 곡괭이, 폐가에 흩어져 있는 녹슨 살림살이, 닦지 않고 넣어둔 은수저…. 한 번쯤 보았을 물건이다.

내 기억에도 집안 대사가 돌아오면 할머니가 하시는 일이 꼭 하나 있다. 놋그릇 닦기다. 가마니를 깔고 짚으로 만든 수세미로 기와 가루를 발라 놋그릇을 닦으면 반짝반짝 윤이 난다. 아무리 귀한 물건도 녹이 나면 볼품없고 쓸모없다.

녹이 스는 것은 물건뿐만이 아니다. 나이 들수록 사람의 몸도 녹이 슨다. 노화의 주요 원인도 몸의 각 기관에 녹이 생기기 때문이고, 성인병도 혈관에 녹 같은 찌꺼기가 달라붙어 혈액순환을 방해한다는 것은 다 아는 사실이다. 그래선지 사람들은 처연하리만큼 녹과 싸운다. 걷기, 달리기, 자전거 타기, 수영, 구기 운동 등등 한 가지 운동쯤 안 하는 사람이 없을 정도다. 스페인의 세계적인 테너 플레시도 도밍고는 "내가 쉬면 나는 녹슨다."라고 늘 말했다고 한다.

녹이 스는 것이 어찌 육체뿐이랴. 깨끗이 닦아야 할 것은 마음의 녹이다. 어렸을 때, 주일학교 선생님은 괘도를 걸어놓고 재미있게 얘기하셨다. 그중 그림 하나가 기억에 남는다. 사람 얼굴 밑에 큰 하트 모양을 그리고 그 안에 사자, 공작, 여우, 원숭이 같은 동물 몇 개를 그린 그림이다. 이 동물은 인간 내면의 부정적인 면, 즉 욕심, 질투, 미움, 교만, 거친 마음을 상징하는데 이런 마음을 갖지 말고 살라는 가르침이었다.

잠들기 전, 녹을 느끼는 날이 있다. 하루를 살면서 누군가를 시기하고 미워했다. 화를 참지 못해 거친 말을 지껄였다. 교만하고 욕심을 부렸다. 이런 밤은 나 자신이 싫어지면서 마음이 아프고 무겁다. 마음의 들판에 찬바람이 분다. 이 황량함은 마음에 녹을 더한다.

이 녹은 인생을 황폐하게 한다. 미국 시인 칼 샌드버그의 시에 "객차들은 모두 고철이 되어 녹이 슬 것이고"라는 구절이 있다. 객차가 고철이 되듯이 사람도 고철처럼 될 수 있다. 고철이란 말을 들으면 어찌할 것인가. 어떻게든 마음이 녹슬지 않게 닦아야 한다.

설상가상으로 녹은 잔인한 특성마저 갖고 있다. 조금만 방심해도 스며든다. 여유를 주지 않고 달려든다. 게으른 자에겐 영락없이 찾아온다. 마음의 녹은 독이 된다. 어쩌면 우리는 평생 녹과 싸우는지도 모른다.

틈만 있으면 침입하는 녹을 어떻게 닦아낼까. 미당 서정주 시인은 영감 어린 많은 시를 쓴다. 그리고 기억이 녹슬지 않기 위해 매일 수백 개의 산과 강, 세계 각 나라 수도의 이름을 외웠다고 한다. 육체의 녹과 정신의 녹을 닦기 위한 치열한 삶이다.

녹 제거제는 바로 좋은 것을 생각하는 것이다. 우리나라 민화 중에 십장생도十長生圖가 있다. 해처럼 따뜻하고, 산처럼 요동하지 않고, 물처럼 유유자적하고, 구름처럼 무심하고, 소나무처럼 변함없는 마음. 고고하고, 순수하고, 그러면서도 풍성한.

하지만 무엇보다도 최고의 녹 제거제는 사랑이다. 조건 없는 사랑이다. 사랑하면 용서하게 되고 베풀고 행복으로 가득 찬다. 녹이 슬지 않게 할 뿐 아니라 이미 슬었던 녹을 깨끗이 닦아준다.

내 마음에 잔뜩 녹이 슬어있다. 사랑을 받으려고만 하고 주지 않아서다. 마땅히 사랑해야 할 사람에게조차 흠뻑 사랑을 주지 못한다. 순간순간 끼어드는 녹을 사랑으로 녹여내야 할 텐데. 그러면 할머니가 닦으셨던 놋그릇처럼 반짝반짝 윤이 날 텐데. 밤마다 내 영혼에 녹이 슬지않게 해달라고 기도한다.

눈물 어린 계절

돌아온 사월은 생명의 등불을 밝혀 든다.
빛나는 꿈의 계절아
눈물어린 무지개 계절아

박목월 작시 김순애 작곡 '사월의 노래' 끝 부분이다. 부드러운 바람이 꽃봉오리를 흔들어 깨우는 봄이 오면 불러보는 노래다. 봄의 환희가 마음속에 가득 차오르는 봄날에 왜 눈물 어리다고 썼는지 궁금하다.

겨우내 닫고 살았던 창문을 열고 심호흡을 한다. 부드러운 바람이 옷속으로 스며들어 몸을 간질이면 생명의 느낌이 온몸을 휘감는다. 투명한 햇빛이 나푼나푼 흔들리는 연한 나뭇잎 사이사이 반짝일 때 더할 나위 없이 기분이 상쾌하다.

지난겨울, 사람이나 동식물이 맹추위에 시달렸다. 거실에 들여놓은 화분 중 유리창에 가까운 화초가 얼어 죽은 것 같더니 봄이 오니 마른 가지 한쪽 끝에서 오이씨 같은 새순이 살며시 얼굴을 내민다.

만물이 생명의 등불을 밝혀 든다. 흙과 물과 햇빛만 있으면 어디서든 싹이 튼다. 맹렬한 생명력이 온 산하에 꿈틀거린다. 돌로 쌓은 축대 사이로 민들레가 비집고 나와 노란 꽃을 피우고 나무다리 사이로 아이비 줄기가 뻗어나간다. 어느 시인은 "걷잡을 수 없이 타들어가는 도화선" 같다고 표현한다. 도무지 억제할 수 없는 첫사랑에 빠진 연인처럼 질주한다.

노래를 부른다.

'눈물 어린 무지개 계절아~'

마지막 구절을 부르니 가슴이 적셔오며 눈물이 핑 돈다. 시인은 왜 빛나는 생명의 무지개 계절을 눈물 어리다고 썼을까. 아름다움의 극치는 슬픔일까. 시 전체를 읽다 보면 시인의 마음을 헤아릴 수 있다. 자연의 신비함에 눈물겹도록 감동한 듯싶다.

하지만 나의 눈물어림은 무엇인가. 나에게 봄은 마냥 찬란하기만 하지 않은 서글픔의 계절로 다가온다. 강가 늙은 억새가 너무나 비참하게 쓰러져 누워있다. 그 앞에 싱싱한 억새 잎이 뾰족뾰족 고개를 쳐들고 올라온다. 늙은 억새는 어린 억새에게 모든 것을 물려주고 이제 그만 가야 할 때임을 알아차린다. 이 황홀한 봄날에. 그리고 조용히 안녕을 고하며 쓰러진다.

억새만 그런 게 아니다. 내가 좋아하는 살구꽃 · 복숭아꽃도 꽃이 핀지 불과 이삼 주 만에 몸을 흔들며 다 지고 만다. 덧없이 빨리 진다. 찬란한 시간이 너무도 짧다. 아쉬워 할 꽃의 심정이 가슴에 다가온다. 눈물 어리게. 꽃도 인생도 찰나인 것을 다 알아버린 지금, 차라리 아무 것도 몰랐을 때가 행복했다.

하지만 너무 마음 아파하지 말자. 나뭇잎이 저토록 반짝이며 나풀거리는데…. 정말이지 춥지도 덥지도 않은 최적의 상태. 그 어느 것도 더 이상 바라지 않을 만큼 좋은 날씨다. 모든 생물이 싱싱함을 유지하며 상쾌함을 느낄 수 있는 기온은 대략 섭씨 21도, 습도는 65% 안팎이라 한다. 일 년 중 이런 날은 그리 많지 않다. 부드러운 바람이 살결을 살짝 만지며 지나간다.

햇빛을 받으며 봄 들녘을 걷는다. 내 영혼이 딱 지금처럼 최적의 상태이길 바라면서. 봄바람에 몸을 떠는 질경이가 발등을 간지럽게 한다. 개울물이 졸졸 흐르며 주위를 촉촉이 적신다. 아! 이 상쾌함, 더 이상 무엇을 바라랴. 폭풍도, 진눈깨비도, 열기도 없는 지금 이 순간. 봄날.

속삭인다. 나에게.

다시 아름다운 인생의 봄으로 되돌아갈 수 없음도, 흩날리는 봄꽃처럼 이내 사라져야 함도 아쉬워하지 않으리라고. 생명의 등불을 밝혀드는 눈물 어린 오늘이니까. 보다 길고 보다 깊게 누려야 할 봄날이니까.

다시 아름다운 인생의 봄으로 되돌아갈 수 없음도, 흩날리는 봄꽃처럼 이내 사라져야 함도 아쉬워하지 않으리라고. 생명의 등불을 밝혀드는 눈물 어린 오늘이니까. 보다 길고 보다 깊게 누려야 할 봄날이니까.

사랑받은 미니 문방구

'사랑'이란 말을 너무 흔하게 쓴다. 손으로 하트 모양을 하면서 '사랑해요~'라고 말하면 그 깊이를 알 수 없다 해도 분위기는 좋다. 누구나 사랑하기를 원한다. 하지만 내가 다른 사람으로부터 얼마나 사랑받고 있는지는 잊고 살 때가 많다.

동네 입구에 있는 문방구 앞을 지나가다 발길을 멈춘다. 여느 땐 좁은 문 앞에 잡다한 물건이 놓였는데 아무것도 보이지 않는다. 웬일인지 의아해서 문방구 안을 들여다보니 그 많던 학용품과 사무용품이 온데간데없이 사라지고 어둠만이 가득하다. 텅 빈 가게는 썰렁하고 음산하기까지 하다. 이곳저곳을 두리번거리며 살펴보니 출입문 유리창에 다음과 같은 글이 쓰인 종이쪽지가 눈에 띈다.

"우리 문구점을 사랑해주신 고객 여러분, 그동안 이용해주셔서 감사의 인사를 드립니다. 이곳에서 28년간 문구점을 하면서 여러분의 사랑을 참 많이 받았습니다. 사랑받은 만큼 이젠 고향으로 가서 무한한 인격수양으로 참사람으로 거듭나겠습니다. 그동안 사랑해주신 여러분께 신의 가호가 있기를 기원합니다. 감사합니다. 주인 드림"

붓으로 정성스레 쓴 글을 읽는 순간 놀라움과 허전함이 밀려온다. 며칠 전 비닐 끈을 사러 갔을 때도 전혀 내색을 하지 않아 그런 기미를 알아채지 못했다. '그동안 고마웠다.'라는 한마디 말이라도 건넸더라면 좋았을 텐데…. 유리문에 쓰여 있는 완구 · 운동복 · 교복 · 교과서 · 참고서 · 우표라고 쓴 빨간 글씨, 그리고 복사 · 코팅 · FAX라고 쓴 청색 글씨가 그나마 아쉬운 마음을 달래준다.

다시 글을 읽어 보니 '사랑받았다.'라는 말이 네 번이나 반복된다. 진심어린 마음이 묻어난다. '여러분의 사랑을 참 많이 받았습니다.'라는 구절을 읽자니 '아, 그런 마음으로 사셨구나.' 하는 생각과 주인 부부의 웃음 띤 얼굴이 글 위에 오버랩 되면서 따스함이 가슴속에 차오른다.

문방구는 작기도 하지만 사방이 반듯하지도 않다. 이런 곳에 온갖 문구, 구기球技, 생활용품으로 벽을 꽉 채우고도 모자라 천장에까지 매달아 놓았다. 한때 근처에 중학교가 있어 등하굣길엔 학생들이 제법 북적대며 장사가 잘 됐다. 하지만 몇 년 전부터 사람 발길이 뜸해지고 물건에 먼지가 쌓이면서 활기를 잃어가고 있었다. 인터넷 쇼핑이나 대형 몰 이

용자가 많아선지 동네 문방구는 사양길에 접어들고 있는 것 같다.

더구나 이런 미니 문방구는 푼돈이 오가는 경우가 많다. 나는 선물 포장지 · 카드 · 봉투를 사거나 복사 · 코팅을 자주 하는데 조금씩 살 수 있어 편리하다. 언젠가 주인으로부터 큰길 가까이라 임대료가 비싸다는 얘기를 듣고 문방구가 없어질까 봐 속으로 은근히 걱정했다. 방학 땐 학생들이 거의 없어 더욱 안타까웠다.

나는 주인에게 "집 근처에 이 가게가 있어 참 편리해요. 만물상이나 다름없죠."라는 말을 건넨다. 그러면 주인은 말없이 엷은 미소를 짓곤 한다. 문방구가 동네 사람에게 꼭 필요한 존재이고 나 역시 이 가게가 언제까지나 있어주기를 바란다는 뜻을 넌지시 전하고 싶어서다.

주인 부부는 좋은 사람이다. 남편은 속이 넓고 아내는 꼼꼼하고 성실하다. 창문도 없는 어둡고 비좁은 곳에 낡은 의자 하나 의지하며 여름과 겨울을 보낸다. 구형 TV를 구석 선반 위에 놓고 시간을 보내면서 항상 웃는다. 오랜 세월 겪어봤지만 무뚝뚝하거나 찡그린 얼굴을 본 적이 별로 없다. 누구에게나 친절히 대하면서도 말을 함부로 하지 않는다. 부부의 얼굴은 늘 편안해서 걱정이라곤 없어 보인다.

사랑받는 사람의 모습은 뭔가 다르지 않은가. 지금 생각하니 그들 가슴속엔 언제나 '우리는 사랑받고 있다.'라는 따뜻한 불씨를 간직하고 있었던 것 같다. 그 불씨는 기쁨과 내적인 평안을 주었을 것이다. 부부는 문방구가 동네 사람에게 꼭 필요한 존재라는 느낌으로 살아왔고, 큰돈은 벌지 못하지만 그런 대로 먹고 살고, 자식 키우면서 가르칠 수 있는 감사함으로 살았을 것이다.

다시 한번 마지막 인사 글을 읽는다. 사랑받은 만큼 그 사랑을 안고 고향에 내려가 인격 수양을 하고 참사람으로 거듭나겠다니! 거듭나겠다는 참사람, 그 참사람이야말로 받은 만큼만 되갚겠다는 사랑이 아니라 조건 없이 거듭 거듭 베풀며 살겠다는 큰 사랑의 사람이 아니랴.

갑자기 나 자신이 부끄럽다. 인격수양과 참사람으로 거듭나려고 노력하지 않았을뿐더러 사랑을 받고 있다는 행복감마저 느끼지 못하고, 때로는 사랑을 저울질하며 살고 있기 때문이다. 소박하고 작은 것에서 즐거움을 찾지 못하고 나에게 이로우면 좋다고 웃음 웃고, 이롭지 않으면 얼굴을 찡그리는 그런 변덕을 부리며 살고 있지나 않는지….

아쉽고 서운하다. 행여 부부를 다시 만날 수 있을까 해서 가게 근처를 오가지만 허사다. 하지만 어쩌겠는가, 낙향을 한다니 행운을 빈다. 부디 하는 일에 축복이 같이 하기를 손 모아 빈다.

금강

불안한 뉴스에 전쟁이라도 날까 두렵다. 나라와 겨레에 대한 생각이 깊어지는 요즘, '평화'라는 말이 가슴 뜨겁게 다가온다.

어수선한 와중에 공주에서 열리는 문학모임에 참석한다. 공주는 곰나루, 즉 웅진熊津이라 했던 옛 백제 도읍지여서 지금도 웅진백제역사관을 세워 문화를 체험한다.

공산성에 오른다. 백제시대 웅진산성, 고려시대 공주산성, 조선시대에는 쌍수산성으로 불리는 중요한 토성으로 천오백 년 전 고대왕국의 찬란했던 문화의 향취가 풍기는 곳이며 시가지를 한눈에 바라볼 수 있는 명소다.

경사가 가파른 성곽 따라 오르니 한 폭의 그림처럼 아름다운 풍경이 펼쳐진다. 멀리 차령산맥과 계룡산이 보이고 푸른 강물이 유유히 흐른다. 금강이다. 내가 서 있는 절벽 아래엔 녹색 모형 돛단배가 두리둥실 떠 있다.

금강錦江은 금수강산의 준말이라 해도 좋을 만큼 비단결처럼 곱고 아름답다. 『당서』에는 금강을 공주 웅진강, 부여 백마강이라 하고, '금'은 '곰'의 사음寫音이라 한다. 발원지는 소백산맥에서 노령산맥으로 갈라지는 덕유산에 자리 잡은 장수골 신무산의 깊은 샘이다. 여기서부터 군산 서해 바다에 이르기까지 우리나라의 허리 천리400km를 감싸 흐르며 역사와 문화를 이뤄낸다. 물이 깊고 풍부한 만큼 전설과 문화의 중심지가 되어 일본까지 전파하는 수로가 된다.

남한 지형의 동쪽은 산맥이 높게 서 있고 서쪽은 낮게 누운 자리에 쌍둥이처럼 네 개의 강이 흐른다. 호서 · 호남평야를 흐르는 금강, 만경강, 섬진강, 동진강이다. 맏형 격인 금강은 장수군, 진안군을 거쳐 무주군 향천香泉으로 흘러 무주 남대천에서 하나 돼 금강 상류를 이룬다.

이어 강물은 충청도에서 금산을 돌아 영동, 옥천으로, 다시 신탄강과 부강의 금강 지류를 거쳐 공주에 이른다. 지금 공산성에서 바라보는 이 강물이 산과 천을 만나 합치고 합쳐 굽이굽이 돌아서 내 발아래까지 흘러온 것이다. 어쩌면 나라의 하늘과 땅이 열릴 때부터 시작된 것 아닌지, 그 장구한 세월이 벅차다.

이제 금강은 내가 선 곳에서 쉬지 않고 다시 황산벌을 향해 겸손한 몸짓을 할 것이다. 하여 익산, 서천을 돌아 새우젓으로 이름난 강경에 이른다. 이곳은 금강 하류 포구로서 군산 황해로 흐르는 물길이다. 낙동강,

한강에 이어 세 번째로 긴 금강은 중부지방을 흐르며 백제 칠백 년 역사를 간직한다. 때로 느리고 잔잔하게, 때로 빠르며 거친 물살로 서쪽으로 서쪽으로 흐르면서….

충청도와 전라도 길 따라 산 그림자 새소리는 여전한데 그 옛날 민초들이 물건을 실어 나르던 나룻배는 보이지 않는다. 백제 · 고려 · 조선을 한 폭의 그림으로 그린 수려한 풍경, 금강의 속살이 꽃처럼 붉다.

강물이 적시고 간 강변, 기름진 평야엔 풍요로움이 넘친다. 익어가는 벼농사에 사발 가뜩 담은 쌀밥과 무 · 배추 · 오이 · 호박으로 조리한 반찬이 밥상에 오른다. 그뿐인가. 마을마다 대추 · 포도 · 사과 열매가 주렁주렁 열리며 과일향이 퍼진다. 잠자리 날개처럼 고운 한산모시는 온 여인의 꿈이다. 이렇듯 금강은 젖줄이 되어 백성을 목 축여주고 풍성한 먹거리로 살지게 하며 인심을 훈훈하게 함으로써 마음을 편안하게 해준다.

금강의 물결은 사람들을 곧은 정신으로 길러낸다. 당진 출생으로 한국 최초의 천주교 사제인 김대건 순교자는 내포에 천주교를 전파한다. 내포는 서천, 부여, 공주, 논산에 걸친 평야지대를 일컫는데 한국 유수의 곡창지대다.

또한 사람들의 의기義氣는 길이 기억해야 할 유산이 아닐 수 없다. 한산섬 밝은 달은 충무공의 일편단심, 아우내 장터에서 들리는 유관순 열사의 절규, 동학 농민 운동가로 이 공산성 나루에서 잡혀간 녹두장군 전봉준 등등 다 헤아릴 수 없다.

그뿐만 아니라 강물이 흐르는 산천의 아름다움은 백제 예술의 터전이 된다. 그만큼 문화 예술인을 낳는다. 예산의 선비요 실학자인 추사 김정희, 신재효의 판소리 가락, 금강 물로 빚은 청자 백자의 고고함과 우아함, 들녘에 퍼지는 농악 소리, 구성진 민요가락 얼럴러 상사디야…. 아, 얼마나 평화스러운 정경인가.

기도한다. 백제 25대 왕으로 태평성대를 이룬 무령왕의 금빛 왕관이 평화의 상징으로 보이는 것처럼 금강을 다시 피로 물들게 할 어떤 비극도 이 땅에 일어나지 않길…. 유구한 세월 이 겨레 영욕의 역사를 침묵으로 지킨 금강의 얼이 한반도에 펼쳐져 하루하루 평화로만 이어지길….

꿈꾸는 건지 조금 전 절벽 아래 떠 있던 나룻배의 녹색 돛대가 황포 돛대로 보인다. 그 옛 물결 따라 평화롭게 황해로 이어지는 풍경이지 싶다. 못 잊는 듯 다시 금강을 바라본다.

강물이 적시고 간 강변, 기름진 평야엔 풍요로움이 넘친다. 익어가는 벼농사에 사발 가득 담은 쌀밥과 무·배추·오이·호박으로 조리한 반찬이 밥상에 오른다.

아름다운 변신

이태준의 수필 「역사」를 읽으며 마음에 닿는 구절이 있어 밑줄을 긋는다.

사람은 어제 때문에 받는 구속이 물론 크고 무겁다. 그러나 어제 때문에 받는 궤도와 이상理想은 한 아름다운 샘물로서, 크게는 대하로서, 인생의 먼 바다를 찬란히 흐를 수 있는 것이다.

그는 젊은이들에게 우리의 책을 먼저 읽되 역사를 읽으라고 권한다. 공감한다. 한 나라의 역사는 살아 있는 이야기이며, 이는 곧 끊임없는 변화를 뜻한다. 한 개인도 마찬가지다. 요즘 자서전을 쓰는 사람이 많다. 변화무쌍한 삶을 되돌아본다. 실패할 때가 있는가 하면 성공과 안정의 시기도 있기 마련이다.

오늘은 어제, 내일은 오늘의 내가 아닌 또 다른 나로 바뀔 수 있다. 그 변신이 아름다울 때 놀랍고 감사하다. 어느 목회자의 설교가 생각난다. '인생'이란 단어는 명사가 아닌 살아 있는 동안 역동적으로 움직이는 동사라고. 어제와 전혀 다른 오늘의 나로 변하는 것이 나의 역사이며 이야기가 되기 때문이다.

양화대교 중간에 위치한 선유도에 이런 변화의 이야기가 있다. 선유도의 내력은 세 번의 시기로 나눠볼 수 있다. 원래 조선시대에는 섬이 아니라 봉우리 모양으로 육지에 붙어있어 '선유봉仙遊峰'이라 불린다. 신선이 놀던 산이란 뜻이다. 한강 가운데 자리 잡고 강과 도시를 한눈에 볼 수 있는 빼어난 경치로 좋은 휴식처가 된다.

그러다 1925년 큰 홍수가 나자 선유도의 암석을 채취해 한강 제방을 쌓는 데 사용하면서부터 훼손되기 시작한다. 세월이 흘러 1978년엔 '정수장'으로 탈바꿈한다. 풍광 좋은 옛 모습은 잃게 되지만 20여 년간 서울 시민에게 깨끗한 물을 공급하는 중요한 일을 감당한다. 그러던 중 1999년 공원화 계획이 세워지고 정수장은 패쇄되고 만다.

하지만 정수장은 아름다운 '물의 공원'으로 다시 태어난다. 폐기된 정화 시설을 재활용한 우리나라 최초의 사례다. 정수장의 변화는 건축과 조경이 만나는 것으로 시작하여 이뤄진다. 기존 시설을 최대한 이용해서 명소로 만드는 작업이다. 그 분야에 이름 있는 조경학과 교수와 도시

건축가가 손을 잡고 도시 공간을 자연으로 회복시켜 자연생태를 살리는 희망의 정원으로 만든다.

침전지를 재활용하여 습도를 조절하니 수련·부레옥잠·창포·마름 같은 수생식물과 200여 종의 자생식물은 쑥쑥 잘 자란다. 건물을 헐고 남겨둔 콘크리트 벽과 수십 개나 되는 시멘트 기둥에 달라붙어 올라가는 담쟁이덩굴은 '녹색 기둥의 정원'이란 이름으로 예술가의 혼을 자극한다. 특히 야간엔 불빛을 받아 신비함을 드러낸다. 대나무·계수나무·자작나무·산사나무·단풍나무가 무리지어 있고 입구에 있는 미루나무는 압권이다.

옛 정수장의 흔적이 남아있기는 하다. 많은 빗물 유입 시 한강으로 방류할 때 사용했던 11톤이나 되는 우수 방류 밸브는 잔디 위 설치미술의 소재로 전시되고, 벽은 인공폭포가 되어 시원함을 더해 준다. 이 공원은 2003년 김수근 문화상을 수상하고 환경재생 생태공원으로 탈바꿈한다. 아름다운 변신이다.

이 공원을 산책하며 사색하노라면 오감이 열린다. 이른 아침엔 고요해서 더 좋다. 나무를 올려다보며 청아한 새소리를 듣고 꽃향기를 맡는다. 공원이 아기자기하니 크지 않고 한강의 물안개에 젖으면 시적 영감이 떠오른다. 선유도에서 불행을 느끼는 사람은 거의 없을 것 같다.

주말엔 아이들이 엄마 아빠와 함께 즐겁게 물장구치며 깔깔거린다. 훌륭한 자연학습장이다. 카메라를 메고 이곳저곳 셔터를 누르는 사진작가, 그림을 그리는 중학생들, 꽃다발을 안고 마냥 행복해하며 사진 찍는 예비 신랑 신부…. 선유도가 미래에 또다시 어떤 아름다운 변신의 꿈을 꿀지 생각하면 가슴 설렌다.

선유도는 처음엔 좋은 경치로, 그 후 맑고 깨끗한 물로, 지금은 자연이 살아 숨 쉬는 생태공원으로 아름답게 변신해왔다. 수로를 통해 졸졸 흐르는 물소리는 청량감을 더한다. 선유도처럼 촉촉함과 포근함과 향기를 주는 사람이 되고 싶다. 그리고 어제의 나의 길이 비록 찬란한 바다를 이루지 못했을지라도 오늘 아름다운 샘물이 되길 바란다.

공원을 걸으며 떠오르는 사람들이 있다. 질곡 많은 우리 현대사의 암울했던 시대에 태어나 꽉 막힌 인생길을 극적인 변화로 이겨내고 '오늘을 도도하게 흐르는 바다처럼' 사는 분들이다. 변화를 위해 끊임없이 노력하고 담금질했으리라. 맑은 물과 행복을 퍼주는 선유도처럼….

어제는 지나갔다. 오늘, 내일을 위해 아름답게 변신할 준비를 해야겠다. 선유도 이야기가 나의 이야기가 되었으면 싶다.

나를 익게 하소서

가을이 무르익는다. 안개 자욱한 공원, 플라타너스 잎 하나가 허공을 맴돌다 떨어진다. 사그락! 잘 익은 자연의 소리는 잠자는 나의 영혼을 살며시 깨운다.

옆에 서 있는 느티나무는 담색이어서 좋다. 여름엔 짙은 농녹색이었다가 가을이 깊어지면 윗부분은 담갈색, 중간은 담황색, 아래는 담청색으로 변한다. 나뭇잎의 변화는 풍경을 아름답게 해줄 뿐 아니라 성숙을 느끼게 한다.

강가 갈대꽃 색깔은 밝으면서도 은은하다. 스킨로션만 바른 투명한 얼굴에 보랏빛 라벤더 향수를 살짝 뿌린 여인처럼…. 이렇듯 부드러운 꽃을 피우려고 봄여름 내내 무시로 바람에 흔들렸나 보다.

오랜만에 황금빛 들녘에 선다. 아슴푸레 들리는 벼 잎 부딪치는 소리, 서늘한 바람소리는 도시의 소음에 찌든 귀를 씻어 준다. 풀꽃조차 익어

가는 깊은 성숙의 바다로 빨려 들어가는 가을 들녘, 그곳에 오래도록 서 있다.

가을. 겉은 시들고 속이 익는 역설의 계절, 껍데기는 차지만 속에선 불꽃 향연이 펼쳐지고 완숙한 열매는 금방이라도 터질 듯 꿈틀거린다. 아파트 경비실 앞에 사과 · 배 · 감 · 밤 · 고구마 등등 택배 상자가 쌓인다. 땀과 눈물의 결실이다.

달콤한 가을 맛처럼 마음도 속까지 푹 익기를 소원한다. 겉모습이 시들어 갈지라도 속은 알찬 열매를 맺어야 할 때, 오늘도 나는 초라한 영혼의 오두막에서 기도한다. '나를 익게 하소서.' 라고.

인생의 가을을 맞은 게 실감 난다. 계단을 가뿐하게 오르던 때도 옛날, 발걸음이 무겁다. 그렇다고 늙음의 징조가 생길 때마다 서글퍼한다면 삶의 질은 떨어질 게 뻔하다. 마음이 익으면 육체의 한계를 그리 서러워할 일도 아니다.

영국시인 예이츠는 그의 시 '비잔티움 항해'에서 "만약 노인이 즐거운 영혼으로 손뼉 치며 노래하지 않는다면 막대기에 누더기 걸친 허수아비처럼 하찮은 존재일 뿐"이라고 쓴다. 영혼이 즐겁게 사는 길은 어떤 것일까.

다시 가을을 맞게 됨을 감사한다. 짧은 가을을 붙들고 기도한다. 허수아비가 되지 않도록 잘 익은 영혼을 준비하길 바란다. 가을이 깊어갈수록 더 아름다워지는 나무처럼. 익을 대로 익어 진주 알맹이를 터뜨리는 석류처럼.

가을이면 으레 읊는 시가 있다. 영문학사상 가을을 노래한 최고의 걸작으로 꼽히는 영국 시인 존 키츠의 「가을의 노래」다.

안개와 무르익은 풍요의 계절
성숙의 근원인 태양의 정다운 벗이여
태양과 합심하여 초가집 처마를 휘감은 넝쿨에
주렁주렁 열매를 드리우게 하고
이끼 낀 오두막집 나무들 사과로 휘게 하고
갖가지 열매를 속까지 익게 하고
…

이 무르익은 계절이 나의 모습이 되길 기도한다. '주여, 내 영혼을 익게 하소서.'라고.